中学化学课程思政：
理论探讨与教学实践

主　编◎成　芳
副主编◎刘春平　周　洁

湘潭大學出版社
XIANGTAN UNIVERSITY PRESS

图书在版编目（CIP）数据

中学化学课程思政 ：理论探讨与教学实践 / 成芳主编 ；刘春平，周洁副主编. -- 湘潭 ：湘潭大学出版社，2025. 3. -- ISBN 978-7-5687-1741-0

Ⅰ. G633.82；G633.202

中国国家版本馆 CIP 数据核字第 2025MF2535 号

中学化学课程思政 ：理论探讨与教学实践

ZHONGXUE HUAXUE KECHENG SIZHENG ：LILUN TANTAO YU JIAOXUE SHIJIAN

成芳 主编 刘春平 周洁 副主编

策划编辑：肖 萑
责任编辑：肖 萑
封面设计：张博雅
出版发行：湘潭大学出版社
社 址：湖南省湘潭大学工程训练大楼
电 话：0731-58298960 0731-58298966（传真）
邮 编：411105
网 址：http://press.xtu.edu.cn/
印 刷：长沙创峰印务有限公司
经 销：湖南省新华书店
开 本：710 mm×1000 mm 1/16
印 张：10.25
字 数：180 千字
版 次：2025 年 3 月第 1 版
印 次：2025 年 3 月第 1 次印刷
书 号：ISBN 978-7-5687-1741-0
定 价：65.00 元

序　言

在教育蓬勃发展的新时代，随着社会与时代的不断进步，传统教育模式正朝着综合多元的方向加速转型。于中学化学教育而言，如何巧妙融入思政教育元素，已然成为摆在我们面前的重要课题。本人在长期教育教学实践中深刻领悟到，中学教学不仅是科学知识的传授过程，更是塑造学生价值观、培养综合素质的关键阶段。

基于此，我们满怀对教育事业的热忱与信念，精心推出《中学化学课程思政：理论探讨与教学实践》一书。编写此书旨在推动中学化学课程与思想政治教育深度融合，为广大教育工作者提供理论与实践相结合的参考，同时期望能引发同行的思考与共鸣，进而丰富化学教育的思想内涵，助力培养兼具科学素养与社会责任感的新时代青少年。

一、编写意图与意义

中学时期是学生三观初步形成的重要阶段。在信息飞速发展的当下，学生知识面拓宽，思想活跃，传统教学方式已难以适应其发展需求。化学作为自然科学课程，知识丰富且思政资源深厚。当前教育高度重视课程思政，其与学科融合已成为重要议题。鉴于对中学化学教育现状的深切关注与反思，本书聚焦于中学阶段思政教育与化学学科知识的有机结合，通过系统的理论研究与实践探索，明确中学化学课程思政的内涵与实施路径，为教育工作者提供切实可行的教学策略与方法，助力其在教学中融入思政元素，提升课堂综合效果。

思政教育与化学教学的有效融合，不仅能推动化学课程内容的全面发展，激发学生学习兴趣，提升其思维与道德水平，还能增强学生的科学素养与社会责任感，使其未来更好地融入社会，成为有担当、有理想的社会主义建设者。

二、主要内容与特点

本书深入阐释中学化学课程思政的内涵与意义，涵盖时代背景、学科特点、教育实践及现状等，为教育实践筑牢理论根基。实践研究方面，将中学化学课程思政元素分为政治认同、家国情怀、哲学思维、科学态度和社会责任五类，为教师提供操作指南。同时，探讨化学史、实验、传统文化、前沿知识和日常生活情境融入思政元素的多种途径，并提出实验教学法、情境教学法和项目式学习等教学方法，助力教师构建高效教学策略。

书中一大亮点是对中学化学教材思政元素的细致梳理与分析。从初中到高中教材，围绕化学史实、与生活联系、科学研究、环保及职业等方面，深入剖析思政元素，彰显其在化学教学中的重要地位。

本书共五章，各章从不同视角深入探究中学化学课程思政：

第一章：从理论层面剖析中学化学课程思政的基本概念、核心理念及其在教育体系中的重要性，揭示思政教育在化学课程中的应用价值与对学生综合素质培养的影响，深入分析其时代背景、学科特点、教育实践、现状及内涵，探讨化学学科与思政教育的契合点，阐述思政教育的理论与实践意义。

第二章：总结实践经验，提供课堂讨论、实验设计及评价机制等教学方法与策略，助力教师将理论转化为实践。强调“化学学科为主、课程思政为辅”原则，提出新型教学评价方式及多种教学方法。

第三章：从初中到高中教材出发，系统罗列思政元素，涵盖化学史实、与生活联系、科学研究、环保及职业等方面，分析如何挖掘利用这些元素，为教师融入思政教育提供参考，凸显其重要地位与作用。

第四章和第五章：提供一系列初、高中化学课程思政课例设计，由湘潭市重点中学的学科带头人、骨干教师及名师工作室导师精心研讨而成。这些课例教学目标明确，注重学科核心素养与课程思政目标；内容贴近生活，引导学生运用化学知识解决实际问题；教学模式多样，发挥学生主体作用；巧妙融入课程思政元素，提高学生学习兴趣与道德社会责任感，为教师教学提供可操作的参考与示范。

三、读者对象与编写过程

本书适用于中学化学教师、教育研究者及相关教育工作者。中学化学教师可从中获取理论指导与实践方法，提升教学质量；教育研究者可将其作为重要研究参考；其他教育工作者可借此拓宽教育视野，促进跨学科合作。

编写过程中，我深感责任重大。从构思到成书，历经资料收集、写作与反复修改，力求精准深入。团队协作默契，成员热情投入。我们广泛调研文献，结合先进教育理论与一线教学案例，深入探讨化学课程思政各方面，尤其在实践研究中，通过大量案例分析提炼实用策略方法。在此，衷心感谢所有协助编写人员，他们的宝贵建议与辛勤付出丰富了本书内容与深度，使其得以顺利完稿。

四、编排及体例

本书结构严谨、体例清晰，以理论引领实践，通过丰富案例分析与课例设计，理论与实践相互印证。大量图表和示例帮助读者理解应用。各章逻辑严密、层次分明，为读者提供系统易操作的参考资料。

五、阅读建议

阅读时，建议读者先理解中学化学课程思政内涵意义，再根据自身教学或研究需求，重点关注相关章节，灵活运用理论方法，深入探究融入思政元素的策略。期望读者通过学习实践，掌握理论基础，积累实践经验与操作策略，提升课堂教学效果，共同推动教育事业发展。

六、致谢

编写过程中，承蒙诸多专家学者的大力支持。特别感谢李炳煌教授、潘芳博士、吕文欢博士给本书在理论与实践探索中的宝贵意见。感谢谭达林、王艳洁、王艳、肖亮、张永婷、欧阳玲香、李霞飞老师参与初高中教材思政元素的编写；感谢胡云、戴晗烨、黄心怡、邹丽华、刘芳、黄彪、黄银静、张丹、周洁、陈旭琴老师提供的优秀课例设计；同时，也感谢出版团队的辛勤付出，确保本书顺利出版。

鉴于团队成员的知识水平和教育经验有限，本书还可能存在疏漏之处，恳请各位读者提出建议和意见，以便我们及时改进。

最后，衷心希望本书能为中学化学教师思政教育实践提供有益参考与启示，为培养新时代青少年贡献力量。感谢每一位读者的关注与支持，愿本书成为您教学路上的得力助手。

成　芳

2024 年 8 月

目 录

第一章　中学化学课程思政的理论阐述

第一节　课程思政的时代背景与教育使命

一、中学化学课程思政的时代背景

课程思政作为中国教育体系中的创新之举，其核心在于与思政课程协同共进，全力促进学生思想政治素质提升，推动德智体美劳全面发展，为培育社会主义建设者和接班人筑牢根基。这一创新举措成效显著，极大地增强了学生的爱国主义情怀与社会责任感，有力推动了学校思政工作的改进，为培育全面发展的社会主义建设者和接班人搭建了优质平台。为深入领会这一背景，我们可从以下多个维度进行剖析。

（一）社会背景

1. 国家发展的需求

国家的发展，教育是先行力量，一个国家、一个民族的竞争力归根到底取决于人。党的十八大以来，以习近平同志为核心的党中央，对教育在国家发展、民族复兴、人民幸福总体战略中的基础性、全局性、先导性作用予以高度重视。习近平总书记强调“育才造士，为国之本”，教育是厚植人民幸福之本，是夯实国家富强之基，为全面推进中华民族伟大复兴提供有力支撑。党中央坚持把教育视为国之大计、党之大计，作出加快教育现代化、建设教育强国的重大决策，推动新时代教育事业取得历史性成就、发生格局性变化。党的报告首次将教育、科技、人才作为一个整体进行论述，着重指出教育、科技、人才是全面建设社会主义现代化国家的基础性、战略性支撑。在党的坚强领导下，我国教育事业蓬勃发展，全体人民的思想道德素质和科学文化素质得以全面提升，为中华民族伟大复兴征程输送了大量坚实的人才保障和智力支持。习近平总书记指出，教育是中华民族伟大复兴的基础工程，要着重关注青少年学生的思想政治教育，强调“要把立德树人的成效作为检验学校一切工作的根本标准，切实做到以文化人、以德育人，持续提升学生思想水平、政治觉悟、道德品质、文化素养”。

当下，中国社会经济发展迅猛，科学技术的进步持续助推国家的现代化进程。在此形势下，国家对人才的需求已不再局限于专业技能，更着重于具备良好思想政治素养的复合型人才。教育工作肩负着全面贯彻党的教育方针，为党育人、为国育才的重大使命，始终坚守立德树人的初心。故而，将思想政治教育融入化学等各个学科，是国家对教育体系进行创新完善的关键一环。

2. 全球化与多元化的挑战

当今世界，百年未有之大变局加速演进，全球化进程日益加快，世界各国文化、价值观和思想观念相互交融。各类社会思潮借助新媒体等多元化渠道，如汹涌潮水般向青少年涌来，这对主流价值观的传播形成挑战，也深刻影响着思想政治工作的推进与成效。鉴于国际局势复杂多变，中学生思想尚未成熟，极易受外界因素干扰，加强对学生历史唯物观和辩证唯物观的教育刻不容缓。这有助于学生提升洞察力，从而在学习与生活中做出更为明智的抉择。在此背景下，将思政教育融入化学课程，助力学生在全球视野下树立正确的价值观和人生观，进而增强国家认同感和社会责任感。

（二）教育政策背景

党的十八大报告首次明确提出“把立德树人作为教育的根本任务，培养德智体美劳全面发展的社会主义建设者和接班人”；党的十九大进一步着重强调落实立德树人的根本任务，对培养担当民族复兴大任的时代新人提出新要求。培养什么人、为谁培养人，这是教育的首要问题，也是立德的根本要求，集中彰显了党和国家对教育事业的根本定位与时代特征。

依据《中华人民共和国教育法》的最新修订内容，教育机构在培养学生综合素质方面被赋予更大责任，涵盖思想品德、科学文化知识和身体素质等多个层面的提升。《深化新时代教育评价改革总体方案》同样强调，教育应注重培养学生的综合能力和良好品德。

2020年教育部考试中心发布的《中国高考评价体系》指出：在教育功能方面，高考需实现从单纯的考试评价向立德树人和素质教育关键环节的转变，在高考评价体系中，精心构建落实立德树人根本任务的机制框架；在评价理念方面，要从传统的“知识”“能力”评价向“价值引领、素养导向、能力为重、知识为基”的综合评价转变。此外，教育部办公厅《关于做好2022年中考命题工作的通知》要求，各地在中考命题工作中，需全面贯彻党的教育方针，引导学校全面推进素质教育，引导学生树立正确的世界观、人生观和价值观。中高考考试评价标准的转变，对学校教育提出了更高要求。

作为社会主义教育体系核心环节的基础教育，具有基础性、普遍性、预备性等特性，承担着培养人格完善的人、培育合格公民的重任。中小学校作为课程思政实施的主阵地，面临着构建跨学科“课程思政”育人体系，以及依据不同课程特性达成教育培养目标的挑战，这并非仅关乎思想政治课程，而是全体教育工作者亟待深入探索并积极实践的重大课题。

在这一系列方针指引下，化学课程思政成为实现教育目标的有效路径之一。随着新课程改革的持续深入，中学化学教学愈发注重培养学生的实践能力和创新精神。以初中化学课程为例，学生通过制作酸碱指示剂、探究灭火机制、自制简易净水装置等丰富多样的实践活动，不仅深化了对化学知识的理解与应用能力，锻炼了实验操作技能，还增强了团队协作精神。课程思政的融入，使化学课程更贴近学生实际生活，提升了课程的社会价值和教育意义。

二、中学化学课程思政的教育使命

自新中国成立以来，思想政治教育始终是学校教育的重要构成部分。1985年5月，中共中央颁布《关于教育体制改革的决定》，明确指出教育体制改革的根本目的是提高民族素质，多出人才、出好人才。至此，人才培养成为一项系统综合工程，人才标准也更加全面完善。党的十八大报告指出“把立德树人作为教育的根本任务，培养德智体美全面发展的社会主义建设者和接班人”，思想政治教育从传统单一的政治理论教育，逐步向注重实际应用和综合素质培养转变。因此，将思政教育有机融入学科课程，既是对这一教育理念发展的自然延续与深化，也是学科教学不可或缺的重要内容。

在新时代背景下，思想政治教育目标不仅包括传授马克思主义理论，还涵盖培养学生的社会主义核心价值观、社会责任感和创新精神。无论时代如何变迁，人才培养目标怎样调整，“立德”始终是人才培养的首要核心任务。“为谁培养人、培养什么人、怎样培养人”成为教育的根本问题。学科教育与思想政治教育相结合，能够有力促进学生全面发展，使其不仅在学术知识上有所建树，更能在思想道德和人格品质上不断成长提升。

由此可见，实施课程思政对学生发展意义重大，是实现“为党育人、为国育才”宏伟目标的必然要求和重要途径。

其一，满足学生全面素质教育的需求。习近平总书记多次以“扣好人生第一粒扣子”比喻青少年树立正确价值观、迈好人生第一步的重要性。中学课堂是开展思想政治教育、培养学生正确价值观的关键阵地。

当前，教育目标已从单一的知识传授逐步转向全面素质的培养与发展。学生不仅要掌握专业知识，还需具备良好的思想品德和社会适应能力。化学课程思政积极顺应这一教育转型趋势，巧妙地将思想政治教育融入化学课堂教学，让学生在学习化学知识的同时，潜移默化地接受思想政治教育的熏陶。

其二，满足学生个性发展与价值观塑造的需求。人的思想政治素养具有层次性，且是一个持续发展的过程，学生在校接受教育的阶段是思想政治素养提升的关键时期。从小学、中学到大学，思想政治教育从侧重基础道德教育逐步向侧重政治教育提升，遵循了思想政治教育的一般规律。中学阶段作为学生塑造世界观、人生观和价值观的关键时期，开展正确的价值观引导和思政教育至关重要。通过化学课程中的思政教育，能够助力学生形成正确的价值观念，增强对社会、对科学的正确认知，为其未来发展奠定坚实的思想基础。

综上所述，中学化学课程思政的时代背景涵盖社会需求、教育政策、思想政治教育发展以及学生发展需求等多个方面。将思政教育融入化学课程，既能提升学生的科学素养，又能强化其社会责任感和道德意识，为国家长远发展培育优秀人才。这一举措既是教育理念的创新，也是对时代发展需求的积极回应，更是基础教育的重要教育使命。

第二节 中学化学课程思政的内涵与特征

自课程思政理念提出以来，相关研究已取得丰硕成果。课程思政绝非简单地将思想政治内容生硬嵌入课程，其核心在于依托学科知识传授过程，以润物细无声的方式引导学生深刻理解并践行社会主义核心价值观，从而强化集体主义精神与社会责任感。

一、中学化学课程思政的内涵

从字面解析，“课程思政”指在课程实施过程中贯穿“思想政治教育”，即在学科知识培养过程中实现思想觉悟、道德品质与爱国情怀的塑造。从课程设计角度来看，“课程思政”并非一门独立学科，而是一种创新性的教育理念。

当前，学界对课程思政概念的解读主要存在三种观点。第一种是大思政视角，将课程思政视为思想政治教育体系的延伸与拓展，这要求学校从国家意识形态战略高度出发，对课程思政进行整体规划；第二种是课程整合视角，强调将思政内容与其他课程有机结合，本质上是对课程原有育人功能的拓展与深化，需要学校教学部门统筹规划课程育人功能；第三种是课堂教学视角，主张将思政内容融入本学科课程，以课堂教学为切入点，将课程思政作为课堂教学创新的重要手段，该视角着重强调教师需在上级整体规划指导下，将思政教育融入课堂教学设计并有效落实。这三个视角层层递进，共同构建起完整的课程思政体系。

基于本书的研究范围与实际需求，将课程思政界定于课堂教学视角。教师可依据教学实际情况和学生身心发展规律，在课堂教学中灵活且恰当地融入思想政治教育内容，在传授知识的同时，以间接、隐性的方式实现对学生的价值引领，切实落实“立德树人”的根本教育目标，培养符合时代需求的高素质人才。

化学学科具有鲜明的特色。若要通过课堂教学落实党的“立德树人”根本任务，需以课程标准为教学依据，借助核心素养搭建桥梁，将宏大的育人目标转化为教育教学实践中可操作、易把握的具体要求。本书聚焦课堂教学领域，深入探讨中学化学教师如何深度挖掘化学学科中的思政元素，合理选取思政内容，精准把握融入切入点，将思政元素有机融入课堂教学，把“立德树人”的宏观要求细化为具体的人才培养目标。

综上所述，中学化学课程思政的内涵是以中学化学课程培养目标为导向，以化学学科核心素养为引领，在化学课堂教学过程中，结合化学学科特点与学生身心发展规律，通过理论讲授、实验探究、模型展示等多样化教学方式传授化学知识与技能，同时以隐性教学方式巧妙融入思政元素，在潜移默化中引导学生树立正确的思想政治观念，从而切实落实“立德树人”的根本教育任务。

二、中学化学学科思政的特征

化学是一门研究物质的组成、结构、性质、转化及应用的基础学科，其核心特征在于从分子层次认识物质，并通过化学变化创造新物质。这门学科不仅助力人们从宏观层面创造物质，还能从微观层面揭示物质本质，以独特的符号体系描述物质。在科学技术与社会快速发展的当下，化学作为一门实用且极具创造性的中心学科，在提升人民生活水平、促进生态和谐及社会可持续发展等方面发挥着关键作用。

作为自然科学的重要组成部分，化学不仅从分子层面揭示物质世界的构成与变化规律，深化人类对物质微观结构的认知，还加速了新型材料的研发与应用，在合成化学、生物高分子、能源化学及农业等众多领域贡献卓著。化学研究高度依赖实验验证，其学科本质充分体现了“实践是检验真理的唯一标准”。

化学有着悠久的历史，可追溯至人类学会用火的远古时期。这门学科不仅彰显着科学精神，更蕴含着丰富的人文资源与深厚的教育价值。例如，化学家在发现和创造新物质的过程中，需历经大量的推理、假设与实践检验，学生能够从中深刻体会科学家严谨求实的科研态度、辩证的思维方式，以及科研探索的艰辛历程。

化学与生产生活紧密相连，其研究成果深刻影响着社会发展。在环境保护、能源开发、医药卫生等领域，化学都发挥着不可替代的作用。现代科技的迅猛发展持续推动化学革新，促使科学研究不断深入微观世界，赋予化学独特的现实意义与应用价值。学习化学不仅能够培养学生解决实际问题的能力，还能帮助他们理解科学、技术、社会、环境与化学知识之间的内在联系，进而树立严谨求实的科学态度，培育为国家建设贡献力量的家国情怀，增强应对社会热点问题的责任担当，强化生态环境保护意识。

在中学教育体系中，化学课程占据重要地位。从课程标准、课程内容到教学活动，化学教学不仅承担着知识传授的任务，还肩负着学生品格塑造的使命，是实施课程思政的重要载体。中学化学课程蕴含丰富的中华优秀传统文化教育素材，有助于激发学生的民族自豪感，坚定文化自信；同时，作为开展革命传统教育的重要载体，化学课程能够引导学生了解我国化学家自力更生、艰苦奋斗、无私奉献的精神品质，厚植爱国主义情怀。

由此可见，化学虽为自然科学，但学科思维、研究过程与发展历史中都蕴含着强大的育人功能。这就要求化学教师深入挖掘学科育人潜力，将知识传授与价值引领有机融合，充分发挥化学学科的育人作用，着力培养学生的化学学科核心素养，积极引导学生形成正确的思想认知与积极向上的情感态度。

第三节 中学化学课程思政的目标与原则

随着教育改革的深化与育人目标的转型，中学化学课程思政已成为重要教学方向。思政教育不仅是塑造学生价值观、培养社会责任感的关键路径，更是提升学生综合素养的核心环节。在此背景下，化学教师需明晰课程思政的目标与原则，方能将思政教育有效融入化学教学实践。

一、中学化学课程思政的实施目标

在教育改革浪潮中，化学课程融入思政教育以培养科学素养与社会责任感的理念，虽已获基层教师广泛认可，但在实践过程中，部分教师对具体目标把握不准、原则理解模糊，导致教学存在随意性与不确定性。因此，明确化学课程思政的实施目标，是实现课堂思政教育深度化、系统化的前提。化学作为自然科学的重要分支，不仅承载着科学知识与实验技能，更与社会历史、文化传统和道德伦理紧密相连。这决定了化学课程思政需将培养学生的科学思维创新能力与立德树人根本任务有机结合。

（一）培育学生科学性的思维创新

在文化繁荣与社会变革的新时代，培养中学生科学思维与创新意识，已成为教育的核心目标。科学性思维是运用科学方法与逻辑进行思考的能力，涵盖观察、实验、归纳、演绎及创新等环节。在化学学习中，学生通过实验观察现象、提出假设并验证，这一过程不仅是知识应用，更是创新思维的培育过程 —— 鼓励学生突破固有认知，探索未知领域。

“化学课程思政”依托化学学科特性，引导学生以历史唯物主义和辩证唯物主义视角认知世界。例如，氧气的发现历程便是生动例证：古希腊的四元素说在科学探索中被逐步推翻，瑞典化学家舍勒、英国化学家普利斯特里虽独立发现氧气，但受燃素学说束缚未能准确定义。法国化学家拉瓦锡则凭借定量分析实验，推翻燃素说，确立氧气在燃烧中的关键作用。拉瓦锡坚持实验验证、突破理论桎梏的探索过程，生动诠释了科学思维的严谨性与创新性，为学生树立了科学探究的典范。中学化学课程思政通过此类案例，助力学生掌握化学知识的同时，培养其科学思维与创新能力，强化社会责任感。

（二）培育学生社会主义核心价值观

思政教育并非简单的理论灌输，而是通过多元路径塑造学生正确的世界观、人生观与价值观。习近平总书记强调，须将社会主义核心价值观贯穿国民教育全过程。自党的十八大以来，国家高度重视青少年社会主义核心价值观培育，要求在中学教育中全面融入“富强、民主、文明、和谐”（国家层面）、“自由、平等、公平、法治”（社会层面）、“爱国、敬业、诚信、友善”（公民层面）的价值理念。

化学课程紧密联系生活实际，反映人类探索物质世界的基本规律，为培育社会主义核心价值观提供了天然载体。例如，在化学反应教学中引导学生思考环境影响，培养环保意识；在化学物质应用讨论中，启发学生分析社会价值与伦理问题。同时，课程思政通过融入中华优秀传统文化，增强学生文化自信与爱国情怀；在实验教学中，注重培养学生自主发展、合作创新能力，使其具备适应终身发展的核心素养。教师需深度挖掘化学知识中的思政元素，将社会主义核心价值观融入课堂教学，形成螺旋上升的教育模式，实现认知、情感、意志与行为的统一。

（三）培养学生核心素养

2014 年，教育部发布的《中国学生发展核心素养》以“全面发展的人”为核心，构建了文化基础、自主发展、社会参与三个维度，涵盖人文底蕴、科学精神等六大素养，强调学生应具备适应终身发展的关键能力。《普通高中化学课程标准（2017 年版 2020 年修订）》与《义务教育化学课程标准（2022 年版）》进一步明确化学学科核心素养：高中阶段聚焦“宏观辨识与微观探析”“科学探究与创新意识”等五大素养，义务教育阶段强调化学观念、科学思维等四大素养，其中“科学态度与社会责任”凸显化学学习的价值追求。

中学化学课程思政需结合学科特点与学生心理，细化育人目标，通过化学知识学习、能力培养与思维提升，实现学科核心素养落地。化学核心素养倡导的跨学科融合理念与课程思政高度契合，既能强化学生思想政治教育，又能提升其解决实际问题的能力，助力学生养成终身学习习惯，增强国家人才竞争力。

二、中学化学课程思政的实施原则

化学学科蕴含丰富的思政元素，融入课程思政有助于提升学生科学素养与社会责任感。然而，当前教学实践仍面临诸多挑战：部分教师重知识轻思想，或过度强调思政而忽视学科教学；评价方式单一，反馈滞后。这些问题源于对课程思政的认识偏差与实践困难。为实现化学教学与思政教育的有机融合，需遵循以下原则：

（一）保持学科内容的主导地位

化学学科的知识体系与实验操作是教学核心。课程思政应深度融入化学教学内容，确保学生在掌握化学基本概念、原理与技能的同时，自然领悟其中的思政内涵。例如，讲解化学反应原理时，可结合绿色化学理念，引导学生思考如何减少环境污染，实现知识传授与价值引领的统一。

（二）渗透思政教育，避免表面化

课程思政的融入需自然无痕，避免生硬附加。教师可通过实际案例引导学生思考社会责任。如在有机合成与药物化学教学中，引入药物研发的社会意义与伦理考量，让学生认识到科学研究不仅是技术突破，更需肩负社会责任，使思政教育与学科知识深度融合。

（三）聚焦实际应用，提升学生的综合素养

化学教学需注重理论与实践结合。教师可设计与社会问题相关的实验，如水质检测实验中引导学生关注水污染及其生态影响，让学生在实践中体会科学技术的社会价值，提升综合素养，实现知识学习、能力培养与价值塑造的协同发展。

第二章　中学化学课程思政的教学方法与评价体系

第一节　课堂教学方法创新与思政融合

一、中学化学课程思政的课堂教学实践

随着教育改革的深入推进，中学化学课程的思政实践研究已成为重要的教学方向。思政教育不仅是培养学生价值观和社会责任感的关键路径，更是提升学生综合素养的重要组成部分。在此背景下，如何高效地将思政教育融入中学化学教学实践，成为广大教育工作者亟待深入探索的课题。在实际操作过程中，需重点关注以下几个方面：

（一）坚持素养导向

在中学化学课程中实施思政教育，首要任务是明确素养导向。教师应围绕“为什么教”和“为谁教”，深刻理解课程的育人价值，切实落实育人为本的理念。课程设计与实施需紧密围绕核心素养展开，涵盖科学思维、实践能力、社会责任及人文关怀等多个维度，并明确界定教学内容与活动所追求的素养目标，以此培养学生正确的价值观、必备品格及关键能力。

在教学过程中，教师需改革教学方法，将立德树人根本任务落实到具体教学活动中。例如，在教学目标设计中巧妙融入思政元素，借助化学知识的传授，引导学生深入理解科学与社会的紧密联系。在教授化学反应方程式时，可结合生活

中的环保问题，引导学生思考如何运用化学知识解决实际问题，从而帮助学生建立科学素养与正确价值观。

（二）强化学科实践

“做中学”是深化学生理解、提升能力的关键。在化学教学中，教师应充分发挥实验教学的作用，鼓励学生积极参与实验及学科探究活动，培养学生的观察能力、动手能力，激发学习兴趣与创新能力。学生在发现问题、解决问题、建构知识和运用知识的过程中，能够深入体会学科思想方法，提升化学理解能力。

此外，还需强化知识学习与学生经验、现实生活及社会实践的关联，重视真实情境的营造，以提升学生解决真实问题的能力。例如，在学习酸碱中和反应时，可设计关于环境保护的实验，引导学生探讨如何通过化学方法治理酸雨问题。学生在亲身操作中体验科学魅力，同时深刻反思环境保护的重要性，实现理论与实践的有机结合。

（三）注重综合学习

综合学习是融入思政教育的有效手段。在中学化学教学中，教师需整体把握学习目标，注重知识学习与价值教育的有机融合，发挥每个教学活动的多方面育人价值。可探索实施大单元教学，组织主题化项目式学习、研究性学习等综合性教学活动，并策划跨学科实践活动，帮助学生举一反三、融会贯通，加强知识间的内在联系，促进知识体系的结构化构建。

例如，设计“绿色化学”综合项目，整合化学、生物、环境科学等学科知识，探讨可持续发展的化学解决方案。学生在项目中不仅能加深对化学知识的理解，还能从多学科角度分析问题，培养综合思维能力和团队合作精神。通过小组讨论、展示反馈等互动环节，进一步强化学生的文化自信与社会责任感。

（四）落实因材施教

因材施教是提升教学效果、促进学生全面发展的重要策略。在思政教育中，该原则同样适用。教师可通过启发式、探究式、小组合作等个性化教学方法实现教育目标。在中学化学课程中，教师应创设以学习者为中心的学习环境，凸显学生主体地位，开展差异化教学，根据学生的兴趣、能力和认知水平灵活调整教学内容和方法。

在高中化学教学中，差异化教学策略已被证明能有效提升学生学习兴趣与个性化发展。对于学有余力的学生，教师可设计更具挑战性的实验项目和专题研究，如探讨化学在社会发展中的应用与影响；对于基础薄弱的学生，可利用生活实例，通过多媒体课件直观展示化学反应过程，帮助其理解和掌握知识。同时，教师应关注学生学习进展，加强个性化指导，满足多样化学习需求，并引导学生明确目标、自主规划与自我监督，提高自主、合作和探究学习能力。此外，还可利用新技术优势，探索线上线下深度融合的教学方式，更好地满足学生个性化学习需求。

二、中学化学课程思政的教学策略

在中学化学教学中融入课程思政，是提升学生科学素养和社会责任感的重要途径。这不仅要求在课堂教学中穿插思政内容，更需要采取恰当的教学方法，如挖掘化学课程中的思政元素、设计富有思政教育意义的实践活动，以及通过案例教学和课堂讨论等方式，实现知识传授、能力培养和价值引领的统一，达到更好的思政教学效果。以下从实验教学法、情境教学法和项目式学习三个方面，探讨如何在中学化学教学中有效融入课程思政。

（一）实验教学法

实验教学法是指在教师指导下，学生利用特定仪器和材料，在可控制条件下进行操作，观察实验对象变化，获取新知识或验证已有知识的教学方法。化学是一门以实验为基础的学科，大量化学实验及探究活动不仅是知识传授的载体，还蕴含丰富的思政元素和培养目标。教师应充分利用实验资源，精心规划思政目标，引导学生在实验过程中主动参与、亲身感悟，培养科学探索精神和社会担当意识。

1. 实验设计中的思政元素

实验教学是中学化学教学的重要组成部分，通过实际操作能让学生直观理解化学原理。在实验设计中，教师可融入思政元素，使学生在实验过程中体会科学的社会意义。例如，在水质分析实验中，引导学生探讨水污染成因及其对环境和人类健康的影响，培养学生的环保意识和社会责任感。

2. 实验过程中的伦理教育

在实验过程中，教师应强调实验操作的安全性和伦理问题。讲解实验室安全知识时，融入化学品使用规范及环境保护要求，通过具体案例讨论实验室废弃物处理、化学品安全使用等伦理问题，引导学生认识到科学研究不仅需要技术规范，还涉及道德责任。

3. 实验结果的社会应用

实验结束后，教师应鼓励学生深入剖析实验结果的社会价值。在涉及绿色化学的实验中，探讨如何通过化学技术减少环境污染，推动可持续发展，引导学生思考实验结果在解决实际问题中的应用途径，使学生理解科学研究对社会发展的重要意义。

（二）情境教学法

情境教学法是教师有针对性地引入或构建富有情感色彩、以形象为核心、生动具象的场景，触发学生特定情感反应，帮助学生理解教材内容，促进心理机能发展的教学模式。它将学习内容与真实生活场景结合，让学生在模拟情境中参与和体验，提高学习兴趣，加深知识理解与应用。情境教学的核心在于引导学生在有意义的情境中主动探索、解决问题和创造新知。

情境教学以学生为中心，以情境为载体，以活动为方法，能够激发学生主动性和积极性，培养综合素养和核心能力。相较于说教式思政教学，情境教学法通过生动真实的情境激发学生情感，潜移默化地落实思政教育目标。

1. 设计与思政相关的教学情境

教师可通过设置真实或模拟情境，使学生在具体情境中学习和思考。在讲解化学反应时，融入环境保护情境，引导学生围绕环境污染解决方法展开讨论，理解化学知识与社会问题的联系。例如，设置情境让学生探讨某城市空气污染问题，并讨论如何通过化学手段改善空气质量。

2. 角色扮演与思政教育

角色扮演是情境教学中的有效策略。教师可让学生扮演环保专家、政策制定者、企业负责人等角色，模拟解决特定环境问题的过程。这种方式能让学生换位思考，从不同视角理解科学技术对社会的影响，增强批判性思维和综合分析能力，关注科学研究的社会效益。

3. 情境分析与解决方案

情境教学法还可通过分析具体情境问题，引导学生提出解决方案。例如，针对化肥对土壤及水源的潜在危害，设计模拟情境，引导学生分析化肥使用对环境的长期影响，并提出改进措施，培养学生解决复杂社会问题的能力。

创设情境需遵循真实性、趣味性、科学性和必要性原则，可通过文本阅读、视频观看、实物展示、图片欣赏等多种方式呈现。教师可巧妙运用情境材料，设定思政教学目标，让学生在真实情境中培养思政素养。

（三）项目式学习

项目式学习是以真实问题为出发点，学生通过自主探究、小组协作等方式，利用技术与多种资源开展探究活动的学习方式。其理论基础是“做中学”，从学习形式上就具有思政教育意义，不仅能锻炼学生创造力、团队协作能力、领导力等软技能，还能提升动手能力及项目规划执行能力，促使学生更早、更深入地关注和解决现实生活问题。

1. 设定与社会问题相关的项目

项目式学习是以项目为中心的教学方法，通过组织学生自主研究和探究，促进综合能力发展。在化学教学中，教师可设定与社会问题相关的项目，如“绿色化学实验项目”“环境保护科技创新项目”等，让学生亲身体验化学知识的应用，探索利用化学技术解决现实难题的路径，培养社会责任感。

教师可从单元、整本书、学科等不同视角，根据学科内知识体系的纵向关联，进行知识的统整与延伸，完善课程的生成性与延展性，帮助学生将零散概念整合成具有内在逻辑关系的知识体系，提升学生素养。同时，遵循学科课程标准，围绕单元核心素养，精心策划项目，将教学内容与思政教育目标紧密结合。

2. 促进跨学科的合作学习

项目式学习通常需要跨学科知识和技能。教师可组织学生进行跨学科合作学习，如结合化学、物理、生物等学科知识，共同研究某一社会问题的解决方案。在“自制可循环鱼缸供养器”等可持续发展项目中，学生需综合运用环境科学、生物学、物理学和化学知识提出解决方案，拓宽视野，强化综合思维与创新能力。

3. 实践成果的展示与反思

项目式学习的重要环节是实践成果的展示与反思。项目结束后，教师可组织学生进行项目展示，分享研究成果和解决方案，并引导学生讨论项目中的思政内容。在学习二氧化碳性质时，布置“我们与环境”项目，鼓励学生展示对“温室效应、碳中和、碳达峰”等概念的理解，以及我国在环境保护方面的大国担当。最后，引导学生反思项目过程中的收获和不足，深化对科学与社会关系的理解。

在中学化学教学中融入课程思政，可通过课堂内容适时加入思政元素，也可运用实验教学法、情境教学法和项目式学习等多种教学方法，实现科学知识与思想政治教育的无缝融合。实验教学法通过设计思政元素实验、强调科学伦理及其社会应用；情境教学法通过设置思政情境、开展角色扮演、解决实际问题；项目式学习通过设定社会问题项目、促进跨学科合作和成果展示，培养学生的社会责任感和综合素养，实现化学教育的全面目标。

此外，在化学课程思政教学中，还可充分利用多媒体教学，合理选择和运用现代教学媒体，并与传统教学手段有机结合。展示生动形象的图片和播放富有教育意义的视频，更能吸引学生注意力。教师可利用多媒体技术向学生展现思政素材；同时，为学生提供更多自主学习、交流讨论的时间，确保每位学生积极参与，调动学习主动性和积极性，提高思维能力和口头表达能力。

教无定法。一线化学教师应深入挖掘中学化学教材中的思政精髓，细致规划每个单元、每节课乃至每个教学环节的思政目标，灵活创造性地运用多样化教学方法，将思想政治教育与化学学科核心素养、中华优秀传统文化以及社会主义先进文化紧密结合。通过化学教学，培养学生的哲学思辨能力，提升运用科学方法解决问题的本领，激发探索未知、追求真理的热情和攀登科学高峰的壮志担当，同时培养工匠精神，强化家国情怀，使学生勇于担当责任使命，真正实现“为党育人、为国育才”的初心使命。

第二节 教学评价体系的构建与完善

评价是教育的重要组成部分。教学评价是根据教学目标，制定评价标准，采取评价方式和手段，对教学活动及成效进行测量与分析评定的过程，具有评估、监督、反馈和激励作用。教学评价应以学生为本，符合学生身心发展特点，全面、系统地考察和评价学生。有效的教学评价能评估教师教学效果，促进教学设计与实施的优化，同时反馈学生表现，激发学习热情与积极性。

在新高考和新中考推进过程中，国家明确强调基于核心素养的考试评价体系建设，确保考试评价与课程标准、教学的一致性，促进“教学评”有机衔接。例如，《中国高考评价体系》的发布标志着我国高考进入新阶段，该体系不仅明确高考核心功能，还阐述考查内容和要求，强调道德品质和综合素质培养，促使教育工作者在教学中更加注重学生的人文与社会责任感。这一评价体系由“一核四层四翼”构成，旨在立德树人、服务选才、引导教学，考查内容包括核心价值、学科素养、关键能力和必备知识，考查要求强调基础性、综合性、应用性和创新性，要求教师探索新型教学评价体系和方式，增强评价的育人功能。

一、构建新型的教学评价体系

在化学课程思政教学中，科学的评价机制能有效推动思政教育的实施。传统教学评价偏重知识考核，对思想层面评价重视不足，存在方式单一、反馈滞后、时效性短等问题。调研发现，将课程思政融入中学化学教学评价存在以下问题：一是教师对思政目标理解肤浅，导致课堂教学未达预期效果；二是教学设计时思政元素未能深度融合教学内容，忽略学科核心素养，使思政教育内容流于表面，难以引发学生共鸣；三是思政评价与学习方式传统单一，制约思政教学与教学评价的一体化进程，影响协同育人效果。这些问题源于教师对思政教育与教学评一体化育人理念的理解不足和实践能力欠缺，同时也受应试教育制度的限制。

崔允漷教授提出，教学评一致性是教学系统中教师的教、学生的学以及对学习结果的评价之间的协调配合程度。它强调目标一致性，即教学、学习和评价活动都围绕学生的学习目标展开，确保教与学的活动与评价标准保持一致；持续性评价是关键，教师需设计真实的评价任务，收集学生达成学习目标的证据，以监测和促进学生目标的达成；结构化的学习活动保障学生围绕目标逐步理解、掌握和内化知识，促进学习迁移。因此，在教学设计中要注重以下原则：

（一）教学评一致性原则

1. 目标的一致性原则

教师的教、学生的学以及对学生学习的评价都要围绕共同的目标展开。教师在进行教学设计时，需深入研读课程标准，结合教材内容与学生实际情况，设定明确、具体且可操作的学习目标，确保教学活动、学习过程及评价方式均紧密围绕这些目标。

2. 相互的关联性原则

教学、学习与评价三者相互依存、相互影响。教师的教学为学生的学习提供指导和支持，学生的学习情况通过评价来反馈，而评价的结果又反过来指导教师调整教学策略和方法，优化教学，促进学生更有效地学习。

3. 过程的统一性原则

在教学全过程中都要体现教学评的一致性。教学活动开始时，教师需明确教学目标并传达给学生；教学实施过程中，依据目标设计多样化教学环节与学习任务，借助形成性评价、总结性评价等手段跟踪监测学生学习进展；教学结束后，根据评价结果反思总结，为后续教学提供改进依据，形成完整闭环的教学系统。

（二）教学评一致性体系的构建

在课程思政教学实践中，遵循课标指引，注重过程性评价、表现性评价以及综合素质评价，能够确立学生主体地位，激发主动性与积极性，培育品德与综合素养。在具体实施中，应结合时事局势、社会事件及学生个体差异，设计融入思政元素的项目作业、小组讨论及课堂互动等多维度评估模式，提升评价的适宜性和有效性，让学生在探索与实践中成长，直观感受自身在思政教育中的进步。在构建“教学评一致性”体系时，需注意以下因素：

首先，优化教学目标，增强思政目标与评价任务的匹配度。通过课程标准与核心素养目标明确思政教学目标，在教学中挖掘与知识相关的思政元素，设计匹配的教学活动，并融入即时评价任务。

其次，丰富思政教学情境材料，提高情境材料与思政教学内容的契合度。坚持以学生为中心，挖掘教学内容内涵，优化情境创设，提升教师在情境创设、问题设定以及思政引领方面的能力。

最后，改善教学评价，深化评价与教学任务的符合度。在思政教学活动中设置形成性评价标准，实现以评促学、以评促教的目的。

二、创建新型的教学评价方式

教学评一致性使评价紧密融合在教学活动中，教师能及时了解教学效果，调整教学策略，提升学习目标达成度。因此，教师应结合化学学科特点与思政教育目标，探索构建新型教学评价方式。

1. 多元化评价方式

传统评价方式侧重知识记忆和测试，忽视学生综合能力和思想素养。在融入课程思政的教学中，应采用多元化评价方式，将教师评价、同学互评和学生自我评价相结合，全面了解学生的思政水平。除传统考试评价外，还可融入过程性评价、项目评价以及综合素质评价等，全面评估学生在思政教育中的表现和成长。例如，在项目评价中，通过小组合作研究、展示汇报等形式，评估学生对化学知识及社会问题的理解与综合运用能力。

2. 强调学生的反思与自评

新型评价方式应包括学生的自我反思和自我评价。教学过程中，教师可定期引导学生进行自我评价和反思，鼓励其总结学习过程和思政教育中的收获与不足。例如，要求学生撰写化学学习反思报告，讨论对思政内容的理解和感受，增强学生对化学知识与社会责任联系的理解，提升自我认知和社会责任感。

3. 结合课外实践，评价应用能力

有效的教学评价不能局限于课堂场景，还应将课外实践活动纳入评价范畴。教师可组织学生参与社区环保行动、科学展览策划等实践项目，在真实的社会情境中，检验学生对化学知识的应用能力，以及解决实际问题的综合素养。通过观察学生在实践中的表现，既能评估其理论知识的掌握程度，又能考察知识迁移、问题解决的思维能力，实现对学生学习成果的全方位评价。

在中学化学课程思政的实践中，需始终遵循“以化学学科教学为主线，课程思政自然融入”的原则。在此基础上，构建多元化评价体系，将课堂表现、实

践能力、价值观念等多维度纳入评价标准，让思政教育与化学教学深度融合。通过这种方式，既能夯实学生的化学专业基础，又能培养其社会责任感和科学精神，推动学生科学素养与思想品质的协同发展。未来的教学实践中，还需持续探索创新，完善评价体系与教学模式，真正实现化学教育促进学生全面发展的育人目标。

第三章　中学化学教材中的思政元素

第一节　课程思政元素的分类挖掘

一、化学学科思政元素的体系化挖掘

（一）政治认同的学科映射

政治认同的培育需聚焦国家战略与化学学科的深度融合。通过剖析新型化学元素发现、高端聚甲醛新材料自主研发、人工合成牛胰岛素等重大科技成果，揭示其背后的国家战略支撑；结合“双碳”目标，解读锂电池、氢能等新能源技术研发中的国家意志，帮助学生理解科技创新型国家发展的战略意义。在化学教学中落实政治认同，可通过以下路径：

1. 展示国家科学技术成就

课堂中介绍中国在化学合成、新材料研发、药物创新等领域的突破性成果，挖掘成果背后的研发故事与深远影响，增强学生对国家科技实力的认同感与民族自豪感。

2. 情境化科学研究与国家战略需求

结合国家安全、环境保护、资源开发等国家战略，阐释化学学科的关键作

用。以新能源技术为例，展现我国在锂电池、氢燃料电池研发及新能源产业布局上的成果，引导学生理解科学研究与国家发展战略的紧密联系，深化对国家政策的认知。

（二）家国情怀的具象化培育

家国情怀是社会主义核心价值观的重要内涵，也是中学化学思政教育的核心内容。中国化学家的奋斗历程与化学领域的辉煌成就，为培育家国情怀提供了生动素材。教学中可构建“历史—当代—未来”叙事体系：以《天工开物》中“五金”冶炼技术展现古代化学智慧；以侯氏制碱法突破国际技术封锁彰显民族气节；以屠呦呦团队发现青蒿素体现当代科研工作者的国际担当。

（三）哲学思维的学科渗透路径

化学学科蕴含丰富的辩证唯物主义思想。氧化还原反应中的电子转移、化学键的断裂与形成，体现对立统一规律；反应物量的变化导致生成物差异，诠释量变质变规律；“宏观辨识与微观探析”的学科思维，则彰显结构决定功能的哲学内涵。

教学创新可通过设计“宏观—微观—符号”三重表征思维训练卡，引导学生从哲学视角分析化学现象，培养辩证思维能力。

（四）科学精神的实验养成体系

科学精神是化学学科核心素养的重要组成部分，强调求真务实、批判创新与团结协作。化学实验教学是培育科学精神的关键载体，可构建“基础实验 — 探究实验 — 创新实践”培养链条：通过酸碱中和滴定误差分析培养实证意识；以“催化剂选择性”对比实验锻炼批判性思维；举办“碳中和”技术方案设计竞赛激发创新能力；结合居里夫人科研笔记等史料，传递科学探索的求真精神。

（五）社会责任的进阶式培养

化学与日常生活紧密相连，是培养社会责任意识的天然平台。可建立“认知

— 实践 — 反思”培养机制：在知识应用层面，分析食品添加剂安全阈值；在社会实践层面，组织水质检测与污染防治社区调研；在伦理反思层面，开展“化学技术双刃剑”辩论赛；同时创新评价方式，通过“社会责任行为档案袋”记录学生参与垃圾分类等实践活动的过程表现。

政治认同、家国情怀、哲学思维、科学精神与社会责任五大思政元素相互交织，共同构建中学化学课程思政的完整框架，助力学生形成正确的世界观、人生观与价值观。

二、课程思政元素与课堂的整合

在中学化学教学中融入思政元素，是落实立德树人根本任务的重要途径。以下从化学史、实验教学、传统文化、前沿知识及生活情境五个维度，探讨思政元素的融合路径与实践策略。

（一）利用化学史融入思政元素

化学史是科学探索的生动记录，蕴含丰富的思政教育资源。通过学习化学史，学生既能了解知识演进过程，又能感悟科学家精神，激发爱国情感。

1. 讲述科学家事迹

以居里夫人发现镭、门捷列夫发现元素周期律等故事为切入点，展现科学家的坚韧意志与创新精神，培养学生不畏困难、勇于探索的品质。

2. 梳理化学理论演变与中国化学发展史

从波义耳元素论到道尔顿原子论，再到阿伏伽德罗分子假说，引导学生理解科学理论的发展是不断质疑与修正的过程；同时介绍中国古代炼丹术、陶瓷制作、冶金技术等成就，增强学生的文化自信。

3. 探讨化学与社会的关系

结合工业革命中化学工业的崛起、现代化学在环保与新能源领域的贡献，以及化学技术的双面性（如哈伯－博施法的利弊），培养学生辩证看待科学技术的能力，强化社会责任感。

（二）利用化学实验融入思政元素

化学实验是培养科学素养与思政品格的重要载体。通过实验教学，可引导学生树立严谨态度、增强安全意识、培养团队精神。

1. 展示经典实验，感受化学之美

以“黄金雨实验”“滴水生火实验”等为范例，通过实验现象的视觉冲击，激发学生兴趣，结合实验原理与实际应用，培养问题解决能力与环保意识。

2. 落实课标必做实验，强化探究能力

避免“重结果轻过程”的教学模式，通过原子结构与元素性质探究等实验，学生亲历科学验证过程，提升实践能力与科学思维。

3. 创新实验设计，培养综合素养

鼓励学生改进传统实验（如优化氨气喷泉实验装置）、开展微型实验或数字化实验，在解决实际问题中培养创新意识、环保理念与社会责任感。

（三）利用传统文化融入思政元素

中华传统文化蕴含丰富的化学智慧与人文精神，将其融入教学可激发文化认同与民族自豪感。

1. 以典籍诗词创设情境

解析“遥知不是雪，为有暗香来”中的分子运动、“千锤万凿出深山，烈火焚烧若等闲”中的化学反应，在文学赏析中渗透化学知识，增强文化自信。

2. 结合传统思想阐释化学

以墨家“端”（原子雏形）等哲学思想为切入点，引导学生感悟古代智慧，加深对化学概念的理解。

3. 以文物为载体讲述化学

通过古代青铜器、陶瓷等文物的制作工艺与保护技术，培养学生的审美能力、文化传承意识及运用化学知识解决实际问题的能力。

（四）利用化学前沿知识融入思政元素

化学前沿成果反映学科发展趋势与时代价值，融入教学可拓宽学生视野，激发创新精神。

1. 介绍前沿研究成果

讲解纳米技术、生物化学、材料科学等领域的最新突破，结合我国在航空航天、芯片制造等领域的成就，增强学生的民族自信心。

2. 探讨前沿问题的社会意义

分析新能源材料研发对缓解能源危机的作用、药物化学对人类健康的贡献，引导学生关注科技伦理，培养使命担当。

3. 培养创新实践能力

组织探究性实验、课题研究或科技创新竞赛，鼓励学生关注前沿动态，提升信息搜集与问题解决能力。

（五）利用日常生活情境融入思政元素

生活是化学知识的源泉，将生活情境与思政教育结合，可增强学生的社会责任感与实践能力。

1. 关注社会热点问题

以垃圾分类、环境污染、食品安全等热点为切入点，引导学生用化学知识分析问题，树立法治意识与环保理念。

2. 用生活实例阐释化学知识

通过铁生锈、碳酸饮料冒泡等现象讲解氧化还原反应、气体溶解度等概念，引导学生体会化学与生活的紧密联系。

3. 辩证认识化学的影响

既展示化学在农业、材料、能源等领域的积极贡献，也探讨其引发的环境问题，引导学生理性看待化学，激发用科学解决问题的责任感。

化学史、实验、传统文化、前沿知识与生活情境相互协同，为思政元素融入化学教学提供了多元路径。教师需立足学科特点，创新教学方法，实现知识传授与价值引领的有机统一。

第二节　初中化学教材中的思政元素

一、绪言和第一单元

【化学史实】

远古时期人类对化学的探索

人类认识化学并使之成为一门独立的学科，经历了漫长的探索过程。早在远古时期，我们的祖先在生存中学会了使用火，继而陆续发现了一些物质的变化，如在绿色的孔雀石等铜矿石上燃烧炭火，有红色的铜生成。这些都是人类最早的化学实践活动。在长期的生产和生活实践中，人们逐步积累了大量有关物质及其变化的实用知识和技能，制得了许多对人类生存具有重要意义的用品。我国是发明陶瓷、冶金、酿造、印染、造纸和火药等较早的国家，在一些文物和科学技术典籍中对此有生动而详尽的体现和记载。

炼金术和炼丹术对化学发展的意义

化学实验室的前身是古代炼丹术士和炼金术士的作坊。在那里诞生了许多实验器具和分离物质的方法，如过滤、蒸馏等，同时也积累了大量的化学知识。在此基础上，化学实验室逐步成为科学探究的重要场所。

【科学研究】

观察与描述实验现象

实验是认识物质的变化和性质的一种基本方法。在实验过程中，需细致入微地观察试剂在实验前后的颜色、状态、气味等变化，确保观察的全面性和细致性。要用语言和文字客观、全面、准确地对观察到的现象进行描述，为进一步研究物质及其变化提供证据。

观察与描述蜡烛及其燃烧

对蜡烛及其燃烧的探究活动，体现了化学学习的以下特点。

（1）关注物质的性质。例如，石蜡的颜色、硬度、密度、熔点等物理性质，以及能否燃烧、燃烧产物能否使澄清石灰水变浑浊等化学性质。

（2）关注物质的变化。例如，石蜡受热时熔化等物理变化，燃烧时生成二氧化碳和水等化学变化。

（3）关注物质变化的过程，以及对结果的讨论和解释。需对物质在变化前、变化中以及变化后的各种现象进行系统而细致的观察与描述，基于证据，经过分析和推理等思考过程，得出可靠的结论。

二、第二单元

【化学史实】

拉瓦锡对空气组成的探索

18 世纪末，法国化学家拉瓦锡通过定量实验首次揭示了空气由氧气和氮气组成。他加热汞的实验不仅证明氧气约占空气体积的 1/5，还开创了化学定量研究的先河，这一发现推翻了燃素说，体现了科学革命中实证精神的重要性，展示了科学家对未知领域的探索勇气。

【化学与生活】

氧气与氮气的应用

氧气在医疗急救、炼钢、航天等领域不可或缺，氮气作为保护气用于食品防腐和保护精密仪器，稀有气体通电发光的特性被用于霓虹灯和照明技术。通过分析家用燃料（如天然气、液化气）的燃烧反应，学生认识到化学反应与能源利用的紧密联系。教材还强调安全使用燃料的重要性（如通风防爆），传递“化学服务于生活，安全高于一切”的理念。这些内容帮助学生理解化学技术如何提升生活质量，同时树立安全意识和责任意识。

【科学研究】

实验探究的一般思路和方法

在“探究——过氧化氢分解制取氧气的反应中二氧化锰的作用”中，学生探究二氧化锰的催化作用，学习控制变量法和对比实验的设计思想。教材强调实验操作的严谨性、数据记录的准确性，培养细致观察、实事求是的科研态度。此外，数字化实验（如氧气传感器检测）引入现代技术手段，体现科学方法的与时俱进。这些内容引导学生体会科学探究的步骤与逻辑，培养辩证思维和创新意识。

【化学与环保】

空气污染与防治

通过空气质量指数（AQI）和 $PM_{2.5}$ 等指标，揭示工业排放、汽车尾气对环境的危害。跨学科实践“微型空气质量检测站”鼓励学生参与环境监测，增强了公民的环保意识与责任感。引导学生思考化学技术如何助力污染防治。通过分析酸雨、臭氧层破坏的成因，学生认识到绿色发展的重要性，树立“人与自然和谐共生”的生态观，激发参与环保行动的热情。

【化学与职业】

化学领域的职业启蒙

教材涉及空气质量监测员、化工工程师、催化剂研发人员等职业。例如，闵恩泽院士研发石油催化剂，体现科学家对国家工业发展的贡献；实验室制氧气的实验操作让学生初步体验实验技术员的角色。这些案例有助于拓宽学生对化学职业的认知，传递“科技强国”的价值观，激励学生将个人兴趣与国家需求结合，未来投身科学事业或绿色产业。

三、第三单元

【化学史实】

张青莲与相对原子质量的测定

我国化学家张青莲教授主持测定多种元素的相对原子质量，这些相对原子质量被确认为国际标准的数据，彰显中国科学家的严谨态度和国际贡献。引导学生理解科学发展的曲折性，培养批判性思维，并树立民族自豪感与科技报国的志向。

【化学与生活】

微观粒子与日常现象的关联

教材以分子运动解释花香扩散、湿衣服晾干等现象，引导学生用化学视角理解生活。例如，活性炭吸附冰箱异味体现微观结构与宏观性质的联系。通过分析食品防腐剂（如氮气保鲜）的作用原理，学生认识到化学技术对生活质量提升的贡献。此外，教材强调正确使用化学品的必要性（如闻气体时“招气入鼻法”），传递安全意识和培养科学素养。这些内容帮助学生建立“化学服务生活”的理念，并养成用科学知识解决实际问题的习惯。

【科学研究】

模型

氢分子、氧原子等的模型可以将微观粒子直观、生动地呈现在我们面前。构建和利用模型认识物质及其变化规律是一种常用的科学方法。模型是对原型的模拟，构建模型需严格依据客观事实，遵循科学原理，借助类比、简化及抽象等手段，精准凸显原型的核心特征。化学中常用的模型主要有实物模型、理论模型和符号模型等。利用这些模型能帮助我们描述、解释和预测物质及其变化。随着人们对原型认识的不断深入，模型也会发生改变。

【化学与职业】

生物化学工程师

教材通过“分子探针”在医学诊断中的应用，介绍生物化学工程师的跨学科工作场景，拓宽学生对化学工业的认知。旨在传递“科技强国”的崇高理念，激励学生将个人兴趣融入国家发展需求之中，树立致力于科研事业的崇高理想。

四、第四单元

【化学史实】

水的组成探索与科学精神传承

通过水的组成研究史（普利斯特里氢气燃烧实验→卡文迪什定量研究→拉瓦锡分解实验→现代电子显微镜观测），展现了科学认知领域的突破性进展。拉瓦锡凭借水蒸气高温分解实验，首次确凿地证明了水是化合物而非元素，这一发现颠覆了传统的科学认知；中国科学家于 2014 年借助电子显微镜直接观测水分子的结构，体现了技术革新对科学探索的推动。教材还融入我国古代“五行说”对水的哲学思考，引导学生理解科学发展的继承性与创新性，培养敢于质疑、实证求真的科学精神，同时增强对中华传统科学文化的认同感。

【化学与生活】

水的净化技术与生活智慧

以“水的净化”为核心，通过明矾吸附沉淀、活性炭去除异味、蒸馏法制纯水等实验，引导学生理解化学技术对饮用水安全的保障；家庭净水器工作原理体现微观结构与宏观功能的联系；硬水检验（用肥皂水）和硬水软化（煮沸法）与生活健康直接相关，传递科学选择生活用水的理念；教材还结合“水质检测”跨学科实践，模拟社区水源分析，培养用化学知识解决实际问题的能力；教材中“药品说明书成分分析”活动，引导学生关注食品安全与标签诚信，传递“化学服务民生”的责任意识。

【科学研究】

分类

在化学研究中，我们常依据一定的标准对物质及其变化进行分类。例如，依据元素组成将纯净物分为单质和化合物，依据反应物和生成物种类的多少将一些化学反应分为分解反应和化合反应等。分类是一种科学方法。通过分析研究对象的共性与异性，分类归纳，我们能更有条理地探究和理解物质及其变化的规律。

【化学与环保】

绿色化学与可持续发展

教材通过“水的净化”“自制净水器”实验，引导学生关注水资源保护。明矾净水、活性炭吸附等原理体现化学技术在环境治理中的应用；跨学科实践“水质检测”要求学生分析污染物指标，强化生态责任意识；此外，纳米材料（如 TiO_2 光催化剂）在污水处理中的研究，展示绿色化学对可持续发展的推动作用；教材“国家节水标志”解读传递“节约即美德”的价值观。这些内容传递“科技向善”的理念，激励学生未来投身环保科技研发，助力生态文明建设。

五、第五单元

【化学史实】

质量守恒定律的发现

通过质量守恒定律的发现历程，展现科学家对真理的执着追求。18 世纪，俄国化学家罗蒙诺索夫通过密闭容器中金属的煅烧实验，首次提出质量守恒思想，但因语言障碍未受重视；法国化学家拉瓦锡在严格定量实验基础上确立定律，推翻燃素说，推动化学从定性走向定量研究。罗蒙诺索夫在 1748 年和 1756 年的文章中多次提出质量守恒的观点，而拉瓦锡则在 18 世纪末 19 世纪初通过精确的实验验证了这一理论，确立了质量守恒定律。这些案例传递“科学无国界，实践出真知”的理念，培养学生尊重事实、勇于质疑的科学精神。

【化学与生活】

化学反应定量关系与生产实践

教材以质量守恒定律为核心，揭示化学反应中物质转化的定量规律。例如，通过分析木炭燃烧生成二氧化碳的质量关系，学生理解燃料充分燃烧对节能减排的意义；工业上利用化学方程式计算原料配比，优化化工生产效率，减少资源浪费。这些内容能够让学生深刻认识到化学定量思维在生产生活中的重要性，并培养他们严谨务实、精益求精的科学态度。

【科学研究】

化学反应的定量认识

在教材的例题中，通过化学方程式描述高锰酸钾和碳酸钙的分解反应，根据反应物和生成物间的质量比例关系计算相关物质的质量。这是在对化学反应定性认识的基础上，以化学方程式为工具，从定量的角度认识和应用化学反应规律，这将有助于我们在生产、生活和科学研究中，合理地利用化学反应开发各类资源，创造更多的经济、社会和生态效益。

【化学与环保】

质量守恒与绿色化学理念

通过质量守恒定律揭示污染物来源。例如，化石燃料燃烧生成二氧化碳的质量守恒计算，引导学生理解“碳中和”的必要性；工业废气中硫氧化物的生成分析，关联酸雨防治与清洁生产技术。教材“化学反应前后原子种类不变”的结论，启示学生从源头设计绿色反应（如无毒催化剂选用），减少有害副产物。培养学生用化学知识服务生态文明建设的使命感。

【化学与职业】

化学分析师与绿色产业人才

通过化学方程式的书写与计算，关联质检员、化工工程师等职业场景。例如，新能源企业研发人员利用质量守恒优化氢能制备工艺，助力“双碳”目标实现；绿色化学工程师开发低能耗、零排放工艺（如二氧化碳捕集技术），体现科技向善的职业价值。这些内容不仅点燃了学生心中“科技报国”的熊熊烈火，更激励他们义无反顾地投身于绿色产业的浪潮之中。

六、第六单元

【化学史实】

碳单质的研究进展

20 世纪 90 年代，一些以新的形态存在的碳单质相继被发现，如碳纳米管。碳纳米管具有尺寸小、机械强度高、导电性好等特点，可应用于材料、催化、信息等诸多领域。

2004 年，科学家成功地从石墨中分离出单层的石墨片（即石墨烯），证实它在室温下可以单独稳定存在（过去一直认为这是不可能的）。这是目前世界上人工制得的最薄的材料——厚度仅为 0.335 nm。这一成果震惊了科学界，相关科学家获得 2010 年诺贝尔物理学奖。石墨烯优异的导电、导热性和其他奇特性质正激励着科学家不断去探索。

2010 年，我国科学家通过化学方法合成了石墨炔。2017 年，中外科学家联合研究团队又合成了 T-碳。新的碳单质不断被发现，碳单质家族又增加了新成员。可以相信，随着科学技术的发展，碳单质的用途将不断扩大。

【化学与生活】

碳材料

教材通过石墨导电性（电池电极）、金刚石硬度（切割工具）、活性炭吸附性（净水）等实例，揭示微观结构决定宏观性质的化学思想。例如，铅笔芯（由石墨与黏土精心配比而成）的制造，巧妙展现了材料优化的工业智慧；一氧化碳的毒性警示关联燃气安全使用知识，深刻传递了“生命至上，安全第一”的核心理念。此外，二氧化碳在食品保鲜（干冰）、灭火器中的应用，引导学生认识化学技术对生活质量的提升作用，培养“科技服务社会”的责任意识。

【科学研究】

实验室里制取气体的一般思路和方法

通过研究二氧化碳和氧气的实验室制取，我们可以总结出实验室里制取气体的一般思路和方法。（1）确定制取气体的化学反应原理：在实验室条件下（如常温、加热、使用催化剂等），选择什么试剂、通过什么反应来制取这种气体。在确定原理时，需全面考量反应速率、气体收集与纯度、实验操作的安全性与简便性、实验过程的环境友好性以及试剂成本等因素。（2）设计制取气体的实验装置：根据反应物的状态和反应条件确定气体发生装置，根据气体的性质（如密度、是否溶于水等）确定气体收集装置（如有必要，还应考虑设置除去杂质的装置和尾气处理装置等）。（3）验证得到的气体就是所要制取的气体：根据气体的性质（如可燃性或助燃性、与某些试剂反应有沉淀生成等）进行验证。

【化学与环保】

碳中和目标与碳循环责任

教材通过探讨二氧化碳在地球生命进化中的积极作用及其所导致的温室效应，引导学生辩证思考环境问题。例如，温室效应加剧全球变暖，而绿色植物光合作用维持碳循环平衡；教材“低碳行动方案设计”跨学科实践，模拟企业碳排放核算与减排路径规划，强化“绿色发展”理念。我国在“碳捕集、利用与封存”技术领域取得显著进展，例如，2022年，我国首个百万吨级碳捕集、利用与封存项目投产，每年可减排二氧化碳超过100万吨。

【化学与职业】

材料科学家与环保工程师

教材通过碳材料的前沿应用（如石墨烯柔性电子器件、C_{60}药物载体），关联材料科学家、纳米技术工程师等新兴职业。例如，中国科学院团队成功研发出高导热石墨烯薄膜，为5G芯片的散热技术带来了突破性进展，生动诠释了科技报国的崇高责任感；环保工程师设计二氧化碳矿化封存工艺，将工业废气转化为建筑材料，彰显“变废为宝”的绿色创新思维。

七、第七单元

【化学史实】

燃料利用的文明演进与科学精神

教材以“燃料的燃烧”为主线，追溯人类从钻木取火到化石能源利用的文明进程。例如，古代“燧人氏钻木取火”体现早期人类对燃烧本质的探索；18世纪工业革命中煤炭大规模使用推动了社会发展，但伴随着环境污染问题。这些经典案例深刻揭示了“科技是一把双刃剑”的辩证哲理，启迪学生深入理解能源利用与社会发展的紧密关系，培养学生科学探索与社会责任并重的崇高价值观。

【化学与生活】

安全用火与能源利用智慧

通过探究燃烧条件和灭火原理，学生掌握火灾逃生常识（如隔绝氧气、降低温度）和灭火器使用方法，强化“生命至上”的安全意识。教材结合家用燃气（天然气、液化气）的燃烧反应，分析一氧化碳中毒的成因与预防措施，传递安全用能理念。此外，乙醇汽油的推广，彰显了化学技术在优化能源结构方面的积极作用，同时引导学生关注并选择绿色生活方式，进一步培养学生的理性消费观念和环保意识。

【科学研究】

控制变量

在燃烧条件的探究中，一是控制温度、氧气等因素不变，通过不同可燃物（红磷、白磷）的实验，说明物质燃烧需要达到一定的温度；二是控制温度、可燃物等因素不变，通过有氧气或无氧气存在时的实验对比，说明物质燃烧需要有氧气（或空气）。在科学探究中，如果问题涉及多个因素（变量），可以只研究因变量与一个自变量的关系，控制其他变量不变。运用控制变量的方法，可将多变量问题变成多个单变量问题分别研究，最后再综合解决问题。

【化学与环保】

能源革命与“双碳”目标践行

教材深入探讨了化石燃料燃烧引发的环境问题，如温室效应和酸雨，酸雨是由燃烧化石燃料产生的二氧化硫和氮氧化物等酸性物质在大气中反应形成的，酸雨对植物、动物、水生生物和人类健康都有广泛而严重的影响，例如，它会降低植物的光合作用速率，改变土壤的 pH，影响土壤微生物的活性，导致水体 pH 下降，水质恶化，以及增加呼吸系统疾病的发生率。为了减少这些影响，采取措施减少化石燃料的使用至关重要。同时，教材也对比了太阳能、氢能等清洁能源的优势，强调了它们在减少环境污染和促进可持续发展方面的潜力。例如，根据南方电网公司 2024 年的数据，西电东送工程在清洁能源助力可持续发展方面取得了显著成效，送电量创历史新高，其中清洁能源占比高达约 81%，显著减少了标准煤消耗和二氧化碳排放。此外，宝钢集团的氢能炼钢技术作为工业低碳转型的一个案例，展示了如何通过使用氢气替代传统还原剂，实现二氧化碳的“零排放”，体现了工业生产过程中的绿色无污染。要求学生结合本地产业特点（如农业秸秆制沼气），提出减排策略，强化“因地制宜”的绿色发展观，培养生态文明建设的使命感。

【化学与职业】

新能源工程师与绿色产业先锋

教材通过能源转型案例（如风电场运维、氢燃料电池研发），关联新能源工程师、碳资产管理师等新兴职业。例如，国家电投集团的光伏工程师们在青藏高原上建设了全球最大的水光互补电站——柯拉光伏电站，该电站装机规模达到100万千瓦，年平均发电量20亿度，不仅体现了科技工作者扎根一线的奉献精神，还通过将光伏发电与水电站相结合的方式，为电网提供了更稳定的电力。环保技术员通过监测工业废气排放，为污染防治提供数据支撑，传递“守护蓝天”的职业价值，激励学生将个人理想融入国家绿色发展大局。

八、第八单元

【化学史实】

金属材料的发展历程

人类使用金属材料的历史十分悠久，三星堆遗址出土的青铜大面具，距今已有3 000余年的历史；战国时期，铁制工具的大量使用提高了生产力水平，《天工开物》中就有古代炼铁的记载；在21世纪，钛和钛合金作为关键的金属材料，其应用范围广泛，尤其在航空航天领域，钛合金因其优异的强度、低重量和耐腐蚀性，成为火箭、导弹、航天器等重要部件不可或缺的材料，此外，钛合金在船舶、化工设备、通信设备和医疗等领域的应用也日益增加，显示出金属材料中合金使用的广泛趋势。

稀土资源的利用和保护

稀土元素是储量较少的一类金属元素的统称，有“工业的维生素”的美誉，稀土元素是重要的战略资源，广泛应用于新能源、新材料、航空航天、电子信息等尖端科技领域。2008年国家最高科学技术奖获得者徐光宪院士，被誉为“中国稀土之父”，他带领团队研发了稀土分离技术，这项技术不仅使我国能够自主分离稀土产品，还打破了发达国家在国际稀土市场上的垄断地位，显著提升了我国在稀土领域的国际竞争力。到目前为止，我国的稀土储量居世界第一位，稀土的年生产量和年消费量也都居世界前列。

【化学与生活】

钛合金在人造骨领域的应用

钛合金因其诸多优良特性，在人造骨领域应用广泛。它生物相容性佳，与人体组织亲和度高，不会引发强烈排异；力学性能出色，强度和韧性接近人骨，能稳定支撑身体；耐腐蚀性强，可长期在体内工作。因此常被用于骨折内固定，也用于关节置换，还能进行颅骨修复。钛合金在人造骨领域的应用前景极为广阔。例如，通过表面改性等技术，可以进一步提升其生物活性和骨结合能力，而3D打印技术的飞速发展，则使得钛合金人造骨的制造更加精确、个性化，能够更好地契合不同患者的具体需求。

【科学研究】

预测在化学研究中的应用

预测是在已有信息的基础上，依据一定规律和方法对未知事物所进行的一种推测。在化学研究中，可以通过化学实验等方法来验证所作预测的合理性，其基本思路在于，首先利用已有信息预测物质的性质，随后设计并实施实验以验证这些预测。例如，通过金属活动性顺序表，我们可以预判某种金属与稀盐酸、稀硫酸或其他金属化合物溶液发生置换反应的可能性。

【化学与环保】

废旧金属的回收利用

废旧金属的回收利用可以减少对环境的污染。例如，废旧电池中含有铅、镍、镉、钴等，如果将废旧电池随意丢弃，这些金属渗出会污染地下水和土壤，危害人类健康。回收利用这些金属，不仅能减轻它们对环境的负面影响，还能有效节约宝贵的金属资源。如从汽车用过的铅酸蓄电池中回收铅，从废旧锂离子电池中回收锂、钴、镍等，对保护环境和实现金属资源的循环利用均具有重要的意义。

【化学与职业】

金属冶炼工程师

金属冶炼工程师是指从事金属冶炼工艺开发、设计、优化，以及对金属冶炼生产过程进行控制和管理的专业工程技术人员。他们依据矿石特性和产品质量要求，设计、改良冶炼工艺，提高金属提取率与纯度；在生产一线精准把控各环节条件，及时处理技术问题；维护升级设备，确保稳定运行；严格检测产品质量，杜绝不合格品；严格执行环保与安全规范，避免污染和事故等。为建筑、汽车、航空航天等众多依赖金属材料的产业提供坚实支撑，是现代工业体系中不可或缺的重要一环。

材料科学家

材料科学家是融合物理、化学和材料学知识，钻研材料的专业科研人员。他们深入探究材料内部原子、分子排列结构，了解其对材料性能的决定机制；通过实验和理论计算，研发新制备方法，合成具有特殊性能的新材料；也对现有材料改性，提高其性能和使用寿命；还与各行业合作，依据需求提供材料解决方案。他们的工作推动了科技进步，为航空航天、电子信息、生物医学等行业突破提供关键支撑。

九、第九单元

【化学与生活】

溶液的广泛应用

溶液的应用非常广泛，日常生活、工农业生产、科学研究和医疗等领域都会用到溶液。在实验室和化工生产中，常常先将几种固体反应物溶解，然后将这些溶液混合后振荡或搅动，以加快反应的进行。医疗上常用的葡萄糖溶液、生理盐水和各种眼药水等，都是根据人的生理需求配制的溶液。植物从土壤中获得的各种养料，需要溶解形成溶液后才能被吸收，所以现代农业生产中，无土栽培的作物就是从营养液中吸收养料而生长的。

如何增加养鱼池水中的含氧量

海水、河水或湖水中都溶解了一定量的氧气。养鱼池中常因浮游生物过度繁殖、天气突变等因素导致水中氧气含量下降，进而引发鱼类缺氧，严重时甚至导致大量鱼群死亡。因此，要设法增加水中的含氧量。增加养鱼池氧气含量的方法多种多样，其中常用的是利用增氧机将水喷向空中或搅拌水体，以此扩大空气与水的接触面积，进而提升水中氧气的溶解量。在寒冷的冬季，北方养鱼池的冰面上总要打很多洞，目的也是增加水中氧气的溶解量。

【科学研究】

数据处理在化学研究中的应用

数据处理是对已有数据进行加工的过程，目的是从大量的、可能是无序的数据中，抽取出有价值、有意义的数据，通过处理、分析，发现规律。列表和作图是常用的数据处理方法。数据处理在科学研究、工农业生产和经济活动等领域有广泛的应用。例如，以表格或曲线的形式呈现物质的溶解度及其变化，就是对实验测得的溶解度的原始数据进行处理的结果，可以更直观简便地获取信息。

【化学与环保】

海洋资源的综合利用与制盐

海洋犹如一座无尽的资源宝库，蕴藏着丰富的风能、潮汐能等可再生能源，亟待人类去开发与利用。合理利用海水制盐，可避免因过度开发陆地盐矿而导致的土地塌陷、地表植被破坏等问题。在制盐过程中，盐田逐渐演化成独特的生态系统，成为耐盐植物与鸟类等生物的天然栖息地，展现了自然界的和谐共生。盐田排出的卤水还可用于水产养殖。从海洋生物、海水等资源中提取有用物质后，剩余的废弃物可进行资源化处理，如利用海洋藻类提取生物燃料后的残渣制作有机肥料。海洋资源的综合利用，是解决当前人类社会面临的资源短缺等难题的重要途径之一。

【化学与职业】

化学检验员

化学检验员是从事化学分析与检测工作的专业技术人员，主要通过运用化学实验方法和仪器设备对各类物质进行定性定量分析，确保产品或材料的成分、纯度及性能符合相关标准要求。通常需要精确配制标准溶液建立检测基准，运用滴定分析、分光光度法或色谱法测定溶液成分及浓度，对水样、试剂等液体样品预处理以消除干扰，监控生产流程中溶液配比稳定性。这些严谨细致的工作，不仅为产品质量控制提供了坚实的数据支撑，还为科研探索与工艺改进铺设了关键路径，对确保生产安全、促进资源高效利用以及激发技术创新活力具有不可估量的重要意义。

药剂师

药剂师是医疗体系中的关键角色，专注于药品的调配、分发、管理，并为患者提供专业的用药指导。调配药品时，依据处方精确计算溶质、溶剂用量，制成注射液、口服液等溶液剂型，确保浓度准确。管理药品时，严格控制溶液类药品的储存条件，防止变质。此外，还要为医护人员、患者解答溶液类药物的使用问题，说明稀释、滴注速度等注意事项。药剂师的工作直接关系患者用药安全与疗效，保障临床治疗顺利进行，避免用药差错，是守护公众健康的关键力量。

十、第十单元

【化学史实】

酸碱指示剂的发现

在一次化学实验中，英国科学家罗伯特·波义耳不慎将浓盐酸溅到了一束紫罗兰花的花瓣上，由于对花的热爱，他迅速用水冲洗了花瓣，不久后，他惊奇地发现，原本紫色的花瓣竟然变红了。这一偶然的发现激发了波义耳的进一步探索，他开始尝试将紫罗兰花瓣放入其他已知的酸性溶液中，结果发现紫罗兰在酸性溶液中均变为红色，波义耳意识到，这一现象可以作为判断溶液酸碱性的简易方法。他没有放过这一偶然的发现，而是进行了进一步的实验和思考，结果发现，许多种花瓣的浸出液遇到酸性溶液或碱性溶液都能变色，其中变色效果最好的是地衣类生物——石蕊，这就是最早使用的酸碱指示剂。之后，人们从地衣类生物中提取出了蓝色粉末状的石蕊色素，制成了酸碱指示剂。

我国化学工业的先驱

我国近代很长一段时间里，精盐和纯碱均依赖进口。1914 年，范旭东创办了久大精盐公司，制出了氯化钠含量超过 90% 的精盐，结束了精盐依靠进口的时代。应范旭东之邀，侯德榜海外学成归来，全身心投入纯碱制造技术的研发，所产纯碱荣获国际金奖，更对西方制碱工艺进行革新，创制出“联合制碱法”（亦称“侯氏制碱法”）。在范旭东和侯德榜等化学工业先驱的努力下，我国拥有了第一批民族化工企业，产品种类涉及酸、碱、盐，为我国基本化工原料工业奠定了基础。

【化学与生活】

氢氧化钠在清洁方面的应用

氢氧化钠常用于制取肥皂和去除油污，这是因为氢氧化钠是强碱，具有强腐蚀性和碱性，油污主要由油脂等有机物构成，在碱性环境下，油脂会发生皂化反应，转化为可溶于水的高级脂肪酸盐和甘油，从而实现油污的有效分解。如炉具清洁剂的成分之一就是氢氧化钠。

蚊虫叮咬的处理方法

常见的蚊子、跳蚤、蜜蜂等在叮咬或蜇人后，叮咬处很快会出现肿、痛或瘙痒等症状，这是因为蚊虫叮咬时会向人体内注入蚁酸等酸性物质。此时如果涂一些含有碱性物质的溶液，就可减轻症状。如用常见的肥皂水、小苏打（碳酸氢钠）溶液涂抹叮咬处，能与蚁酸发生中和反应，从而减轻皮肤的酸性刺激，缓解瘙痒和红肿。当然，并非所有蚊虫叮咬后涂碱性物质都有用，而且有些蚊虫叮咬可能会传播疾病，需要及时就医进行专业处理。

碳酸氢钠制作发酵粉

发酵粉是一种复合添加剂，主要用于面粉制品和膨化食品的生产，碳酸氢钠是发酵粉的主要成分之一。在制作发酵粉时，通常会将碳酸氢钠与酸性物质（如酒石酸氢钾、磷酸二氢钙等）以及一些填充剂（如淀粉）混合，其原理是当发酵粉遇水或加热时，碳酸氢钠会与酸性物质发生化学反应，产生二氧化碳气体，这些气体会在面团或面糊中形成许多小气泡，从而使面制品膨胀、疏松，变得更加松软可口，达到发酵的效果，提升食品的口感和品质。

【科学研究】

认识物质性质的一般思路和方法

在研究物质的性质时，常采用观察、实验及归纳概括、分析解释等科学方法，从物质的存在、组成、变化和用途等视角认识物质的性质，从物质的类别认识具体物质的性质，从物质的共性和差异性认识一类物质的性质。我们通过实验深入探究，认识了常见酸碱的性质与用途，并进一步从组成成分的角度分析，初步揭示了酸碱各自相似的化学特性及其差异性。

【化学与环保】

工业废水的处理

未经处理的废水含有大量污染物，如重金属、有机物、酸碱物质等，直接排放会对水体、土壤、空气等环境要素造成严重污染，破坏生态平衡，危害动植物的生存。工厂生产过程中产生的污水，需进行一系列的处理。例如：硫酸厂的污水中含有硫酸等物质，可以用熟石灰进行中和处理；印染厂的碱性废水可用硫酸进行中和处理。通过工艺处理可以有效去除废水中的有害物质，降低对环境的污染，且处理后的废水达到一定的水质标准，可以实现水资源的循环利用。

化肥的合理使用

施用化肥是提升农作物产量的有效措施，肥料内富含有机质及多种营养物质，能有效优化土壤结构，增强土壤的通气性和保水能力。但是，不合理地施用化肥会造成土壤退化，以及土壤、水和大气环境的污染。例如长期有机肥施用不足，土壤中的有机质含量会逐渐降低，土壤团粒结构受到破坏，会导致土壤板结；但是长期大量施用化肥，也会使土壤中的盐分积累增加，通气性和透水性变差。因此，需综合考虑土壤和气候条件、作物营养需求以及化肥的性质和在土壤中的转化情况，实施有针对性的、均衡且适量的化肥施用策略，从而提升化肥利用效率，并尽可能减少其负面影响。

【化学与职业】

农业技术员

农业技术员是运用专业知识为农业生产提供全方位技术支持的专业人员。他们深入农田，进行土壤检测分析，了解土壤酸碱度、肥力等，从而指导科学施肥，改良土壤；时刻关注农作物生长，精准识别病虫害并制定防治方案，选用合适药剂保障作物健康；引进与培育农作物新品种，研究其在本地环境的适应性。农业技术员凭借专业技术，提升农作物产量与质量，推动传统农业向现代化转型，为保障粮食安全、促进农业可持续发展和乡村振兴贡献关键力量 。

十一、第十一单元

【化学史实】

青霉素的发现与使用历程

1928 年，英国细菌学家亚历山大 · 弗莱明在实验室意外发现青霉菌能够抑制葡萄球菌的生长，从而揭示了青霉素的潜力。尽管弗莱明未能成功提纯青霉素，但他的发现为后续研究奠定了基础。在 20 世纪 40 年代，英国化学家恩斯特 · 钱恩和病理学家霍华德 · 弗洛里进一步研究并成功提取了青霉素，并在临床试验中证明了其显著的疗效。1945 年，弗莱明、钱恩和弗洛里因对青霉素的发现和开发的贡献共同获得了诺贝尔生理学或医学奖。在用 X 射线衍射法测定青霉素的分子结构后，人们开辟了人工合成抗生素的道路，通过改变青霉素的分子结构，得到了一系列青霉素类药物。随着青霉素等抗生素的广泛应用，人们逐渐意识到抗生素的滥用会促使细菌产生耐药性。因此，青霉素等抗生素必须凭处方购买，并在医师的指导下合理使用。

【化学与生活】

消毒防腐药

消毒防腐药是指用于杀灭病原微生物或抑制其生长，通常应用于体表、医疗器械及环境消毒的化学物质。常见的消毒防腐药有乙醇，70% ~ 75% 浓度消毒效果好，常用于皮肤和医疗器械消毒。碘酒是碘与表面活性剂结合物，刺激性小，用于皮肤、黏膜及手术前皮肤和伤口消毒。过氧化氢具强氧化性，适用于清洗厌氧菌感染伤口。甲醛杀菌作用强大，可用于医疗器械消毒和病房空气消毒，但因刺激性和毒性，使用时需注意防护。消毒防腐药，作为一类能够杀灭或抑制病原微生物生长繁殖的药物，其在控制传染病的传播、防范和应对生物安全风险、保障人民生命健康等方面发挥着至关重要的作用。

风电制氢

风能作为一种绿色清洁能源，虽然受天气状况影响显著，导致风力发电输出不稳定，但在风电输送和消纳方面仍面临一定挑战。我国积极利用高原和海上丰富的风能资源，通过风电电解水制氢。例如，深圳大学谢和平院士团队研发的海上风电无淡化海水原位直接电解制氢技术，已在真实海洋环境下连续稳定运行超过 240 h，验证了其可靠性。该技术实现了无淡化过程、无副反应、无额外能耗的规模化高效制氢，为克服风电天然缺陷提供了有效方案。风能与氢能的联合开发，带动了上下游产业链发展。

【科学研究】

区分棉纤维、羊毛纤维和涤纶

日常生活中有很多棉纤维、羊毛纤维和涤纶面料制成的衣物。如何通过实验区分这三种纤维呢？首先需要查阅资料，了解棉纤维、羊毛纤维和涤纶的化学成分。然后从物质组成和转化的视角分析，三种纤维的主要成分都属于有机物，可以燃烧，同时三者的成分不同，燃烧时的现象和产物的状态不同。进而制定实验方案，收集三种纤维，依次用坩埚钳夹持，将其点燃，观察、记录燃烧时的现象和产物的状态。最后设计表格对比和分析三种纤维的化学成分及实验现象，总结通过燃烧区分三种纤维的方法和注意事项。

跨学科融合解决实际问题的思路

学习的终极目标是应用，是攻克实际难题。在生产和生活的广阔天地中，我们面临的实际问题往往错综复杂，横跨多个领域，这要求我们具备跨学科融合的思维，方能寻得解决之道。例如，风能的有效开发利用，涵盖了地理、物理、化学等基础学科，以及材料科学、机械工程、电力技术等应用领域，需综合考虑环境保护、经济效益等多方面因素，通过跨学科知识的综合运用，采取恰当手段，进行系统性的规划与执行。

【化学与环保】

塑料垃圾的回收与处理

塑料垃圾是指废弃的塑料制品，因其化学结构稳定，难以在自然环境中快速分解，会对环境和生物造成严重危害。解决塑料垃圾问题，需要完善垃圾分类回收体系，将塑料垃圾从其他垃圾中分离出来。为了提高回收效率，可以研发将废弃塑料分解为单体或小分子，实现资源循环利用，助力解决塑料垃圾难题。还可以研发可降解塑料，利用化学方法合成聚乳酸等新型可降解聚合物，从源头上减少污染。

【化学与职业】

营养师

营养师是融合医学、营养学知识，针对个体或群体饮食、营养状况进行评估、指导，以此促进健康、防治营养相关疾病的专业人员。他们深入了解服务对象饮食、身体及生活情况，定制专属膳食计划，满足不同年龄、职业、健康状况人群的需求；同时积极科普营养知识，助力大众了解食物搭配；还会和医疗机构合作，为慢性病患者拟定营养治疗方案。这些举措能显著增强大众的健康意识，提升生活质量，并有效减少营养相关疾病的发生，从而对个人健康及社会公共卫生事业产生深远影响。

能源工程师

能源工程师是综合运用工程学、物理学、化学等多学科知识，致力于能源开发、转换、利用与管理的专业技术人才。在项目前期，他们勘查评估能源资源，判断开采可行性；工作中，根据不同场景设计能源系统，确保能源高效稳定转换、输送；同时监测能源设备运行，及时排除故障并优化操作、降低能耗；此外还积极投身新能源技术研发与推广。他们积极引领能源产业的转型升级，确保能源的安全稳定供应，有效减轻能源与环境压力，为经济社会的可持续发展奠定坚实基础。

第三节　高中化学教材中的思政元素

一、必修

（一）第一章

【化学史实】

氧化还原反应概念的发展

氧化还原反应作为化学中的一项基本反应，其认识历程漫长而丰富。早在18世纪末，法国化学家拉瓦锡便提出了氧化学说，将物质与氧结合的反应定义为氧化反应，而氧化物失去氧的反应则称为还原反应。随后，在19世纪中叶，英国化学家弗兰克兰引入了化合价概念，为氧化还原反应的研究提供了新的视角。到了19世纪末，随着电子的发现，氧化还原反应的本质被进一步揭示为电子的转移。这一发展历程体现了科学理论的逐步完善与实验证据的重要性。

【化学与生活】

物质分类与生活应用

生活中处处有化学，物质的分类和转化与我们的生活息息相关。例如，掌握酸、碱、盐的基本性质和相互转化关系，能使我们更合理地选用清洁剂、食品添加剂等日常化学用品。通过学习物质的分类方法，我们可以科学地选择和使用各类物质，提升生活质量。

【科学研究】

分类法在化学研究中的应用

分类法是探索物质及其变化规律的一种关键手段。通过树状分类法和交叉分类法，可将物质按组成、性质等宏观视角分类，并拓展至微观视角（如分散系的粒子直径）。分类能揭示物质的规律，预测物质性质及变化，例如，通过分散质粒子大小区分溶液、胶体和浊液。

模型在化学研究中的作用

模型构建是推动化学理论发展的有力工具。瑞典化学家阿伦尼乌斯提出的电离模型，通过简化和抽象电解质在溶液中的行为，解释了酸、碱、盐的导电性及反应规律，为近代电离理论奠定基础。模型的构建与修正推动了化学从宏观现象到微观本质的认知飞跃。

【化学与环保】

汽车尾气处理中的氧化还原反应

汽车尾气系统中的催化转化器利用氧化还原反应，使 CO 和 NO 在催化剂作用下生成 CO_2 和 N_2，显著降低了汽车尾气中有害气体的排放量，减轻了其对大气环境的污染程度，在汽车尾气污染治理方面发挥重要作用。氧化还原反应在环保领域及生产生活中有广泛应用，这体现了化学通过氧化还原反应原理，在解决环境问题、改善生态环境方面的重要价值，有助于实现绿色可持续发展。

【化学与职业】

化学科研工作者

化学科研工作者是专注于化学领域基础研究和应用研究的专业技术人员。其主要工作是在原子、分子水平上研究物质的组成、结构、性质及相互关系，研究物质转化的规律和控制手段，以及进一步研究如何实现物质的人工转化等。例如，合成具有特定功能的新分子，研发既安全高效又节能环保的物质转化工艺等。这些工作不仅与经济发展、社会进步关系密切，而且是材料、生命环境、能源和信息等现代科学技术发展的重要基础。

（二）第二章

【化学史实】

侯德榜和侯氏制碱法

侯德榜突破氨碱法技术垄断，发明联合制碱法（侯氏制碱法），将纯碱生产与合成氨工艺结合，提高了食盐利用率，减少了环境污染。该方法有效缩短了生产流程，大幅降低了成本，为中国化工工业的蓬勃发展奠定了坚实基础，彰显了科学家在技术创新与资源高效利用上的卓越智慧。

【化学与生活】

钠与氯的日常应用

钠的化合物如 Na_2CO_3（纯碱）用于食品加工和玻璃制造，NaClO 用于自来水消毒；氯气制备的漂白粉广泛用于杀菌和漂白。这些物质的独特性质与其广泛的应用领域紧密相连，充分展现了化学在提升生活品质方面所扮演的核心角色。

【科学研究】

实验室制取气体装置的设计

实验室制取气体需综合考虑反应条件、气体性质及环保需求。例如，氯气的制取采用固液加热装置，通过饱和食盐水除杂，向上排空气法收集，并以氢氧化钠溶液吸收尾气。装置的精巧设计不仅彰显了化学实验的系统性与安全性原则，更在无形中培养了人们的科学思维与实践操作能力。

【化学与环保】

氯气消毒与新型消毒剂的开发

氯气因强氧化性被用于自来水消毒，但可能生成有害副产物。科学家研发的二氧化氯消毒剂，作为国际公认的高效消毒灭菌剂，能够杀灭包括细菌繁殖体、芽孢、真菌、分枝杆菌和病毒在内的各种微生物，且不会导致细菌产生抗药性。与传统消毒剂相比，二氧化氯在保持强大杀菌效果的同时，还具有无毒无三致效应（致畸、致癌、致突变），从而降低了健康风险。这一过程反映了化学在保障公共卫生的同时，需兼顾环境友好性，推动技术向更安全、可持续方向发展。

【化学与职业】

水质检验员

水质检验员是专门从事水质检测的专业人员，负责对天然水、工业用水和生活用水的物理、化学和生物性质进行检验和评定。他们运用先进的化学分析仪器精确检测水中的各类污染物和有害物质，从而确保水质严格符合国家规定的标准。这一职业体现了化学知识在保障公共健康和环境保护中的重要作用。

（三）第三章

【化学与生活】

铁元素与人体健康

铁是人体必需微量元素，参与血红蛋白合成。缺铁会导致贫血，动物内脏、菠菜等食物是铁元素的重要来源。食品中铁元素的检验（如 KSCN 显色法）帮助学生理解化学在营养学中的应用，增强健康意识。

【科学研究】

物质价态与性质的关系

铁元素具有多种价态，其化合物的性质与铁的价态密切相关。例如，Fe^{2+} 和 Fe^{3+} 可以通过氧化还原反应相互转化，这一性质在化学分析和材料制备中具有重要应用。通过研究铁的价态变化，可以深入理解物质的氧化还原性质，为新材料的开发提供理论支持。

合金性能的调控

合金的性能可以通过添加不同的合金元素进行调控。例如，不锈钢中加入铬和镍可以显著提高其抗腐蚀性。科学研究通过实验和理论分析，揭示了合金元素对合金性能的影响规律，为新型合金的研发提供了科学依据。

【化学与环保】

金属材料的回收与可持续利用

废旧金属材料（如钢铁、铝合金）的回收利用可减少资源浪费与环境污染。例如，废铁通过氧化还原反应提纯，废铝通过电解法再生。化学手段在金属资源的循环利用中发挥着关键作用，有力推动着“碳中和”目标的实现，彰显了循环经济的重要理念。

【化学与职业】

测试工程师

测试工程师运用高精度化学检测仪器和方法，对金属材料中的杂质元素和合金元素进行定量分析。他们为冶金企业及研究机构提供精确无误的检测数据，为新材料的研发与质量控制工作提供了坚实支撑。这一职业体现了化学分析技术在现代工业中的重要应用。

（四）第四章

【化学史实】

原子结构模型的演变

从道尔顿实心球模型到电子云模型，人类对原子结构的认知不断深化。汤姆孙提出“葡萄干布丁”模型，卢瑟福通过 α 粒子散射实验提出核式结构，玻尔引入量子化轨道概念，现代模型描述电子的概率分布。这一过程体现了科学理论在实验验证与修正中的进步。

元素周期表的发展

门捷列夫基于原子量排序首创周期表，后经莫塞莱确立原子序数即核电荷数的规律，维尔纳完善现代周期表形式。元素周期表的不断演进，正是科学家对元素本质不懈探索的生动体现，它已成为化学学科体系化不可或缺的基石。

【科学研究】

元素周期律的发现与应用

门捷列夫通过归纳元素性质与原子量的关系，编制第一张元素周期表，并预言了镓、锗等元素的存在。现代周期表以原子序数为依据，揭示元素性质周期性变化规律，这一规律不仅指导了新材料的研发，如半导体材料硅（Si）和锗（Ge），还在药物设计领域发挥了重要作用，体现了理论对实践的指导意义。

【化学与生活】

元素周期表与日常用品

查阅食品、药品标签中的元素（如 Na、Ca），分析其在周期表中的位置及性质。例如，钙强化剂促进骨骼健康，钠调节体液平衡，体现元素性质与功能的紧密关联。

【化学与环保】

元素周期律在环保材料中的应用

元素周期律指导环保材料的开发，特别是在寻找高效催化剂方面。例如，铂（Pt）和钯（Pd）作为贵金属催化剂，在汽车尾气处理中发挥着重要作用，能够有效转化一氧化碳（CO）、碳氢化合物（HC）和氮氧化合物（NO_x）为无害的二氧化碳（CO_2）、氮气（N_2）和水蒸气（H_2O）。此外，通过元素周期律，科学家们还研发了耐高温的铼合金等材料，用于发动机部件，这些材料的应用显著减少了能源消耗与污染排放，推动了绿色科技的发展。

稀土资源的合理利用与保护

稀土金属在现代科技领域拥有广泛的应用价值，然而其开采和利用过程也引发了不容忽视的环境问题。作为稀土资源储量丰富的国家，我国面临着如何合理利用和保护稀土资源，以促进可持续发展的重大课题，这一问题已引起了社会各界的广泛关注。化学知识在稀土资源的开采、分离和应用中发挥重要作用，有助于解决资源与环境的矛盾。

【化学与职业】

科技考古研究人员

科技考古研究人员利用现代科技手段分析古代遗存，结合考古学方法探索人类历史。例如，通过放射性同位素 ^{14}C 测定文物年代，或利用原子结构分析古代金属器物的成分。这一领域展现了化学与考古学之间的深度融合，为文化遗产的保护及历史研究提供了坚实的科学支撑。

（五）第五章

【化学史实】

合成氨

1909 年，德国化学家哈伯经过反复实验研究后发现，在 500 ~ 600 ℃、17.5 MPa ~ 20.0 MPa 和锇为催化剂的条件下，反应后氨的含量可超过 6%，具备了工业化生产的可能性。为了把哈伯合成氨的实验室方法转化为规模化的工业生产，德国工程师博施做出了重要贡献。1913 年，一个年产量 7 000 t 的合成氨工厂建成并投产，合成氨的工业化生产终于实现。

【科学研究】

化学实验设计

化学实验设计即实验者在开展化学实验前，依据明确的实验目标，运用化学知识与技能，遵循特定的实验方法，对实验的原理、所需试剂、仪器装置、操作步骤及方法等进行全面规划。例如，设计“不同价态含硫物质的转化”实验，当确定了要实现的转化关系后，需要明确转化前后的含硫物质是哪些，通过怎样的反应（氧化／还原）实现转化，用到的氧化剂或还原剂是什么，等等。进行化学实验设计时，应遵循科学性、可行性、安全性和绿色化原则。化学实验设计通常包括以下要素：实验目的、实验原理、实验仪器与试剂、实验步骤及注意事项、实验数据及处理、实验结论与讨论。设计过程应遵循科学性、安全性、可行性、简约性等原则，并且要确保实验方案的科学性、操作的简便性、实验过程的可视化和实验步骤的连贯性。

【化学与环保】

含硫物质转化与酸雨防治

工业上利用含硫物质相互转化关系，通过控制条件等方法，可以获得相应的化工产品，实现环境保护与资源利用的和谐统一。化学实验设计，遵循安全性和绿色化原则。通过研究硫酸型和硝酸型酸雨的形成过程，包括它们的化学反应方程式，以及它们对环境和生态系统的广泛危害，我们可以提出有效的策略来减轻酸雨的影响。了解氮氧化物的碱液吸收、催化还原等尾气处理方法，遵循习近平生态文明思想，实现环境保护与资源利用的和谐统一。

【化学与生活】

食品中的二氧化硫

了解二氧化硫可做防腐剂，可做抗氧化剂；认识到二氧化硫超标会对人体健康造成不利影响；了解我国在食品添加剂使用标准中规定的二氧化硫在食品中的使用范围和最大使用量。

新型陶瓷

高温结构陶瓷应用于火箭发动机、汽车发动机及高温电极材料；压电陶瓷则用于滤波器、扬声器、超声波探测器及点火器等设备；透明陶瓷则在高压钠灯、激光器以及高温探测器中发挥着重要作用；而超导陶瓷则在电力、交通、医疗等多个领域展现其独特价值。

【化学与职业】

化工工程师

化工工程师是解决人类在生产、生活等领域面临的化工相关问题的专业技术人才。其主要工作是依据科学原理，统筹各方面的资源，设计化工生产的工艺流程，并监控生产过程，及时解决生产中遇到的技术问题。化工工程师需要具有高度的社会责任感、团队精神、全局观念、风险管控意识和创新能力，并具备化学、化工、安全、经济、环境等方面的专业知识。

（六）第六章

【化学史实】

炼铁高炉尾气之谜

生产中炼制生铁所需焦炭的实际用量，远高于按照化学方程式计算所需的量，而且从高炉炉顶出来的气体中总是含有没有利用的 CO。19 世纪下半叶，法国化学家勒夏特列经过深入的研究，发现产生上述现象的原因是：碳和二氧化碳反应生成一氧化碳是一个可逆反应，并且自下而上发生在高炉中有焦炭的地方。后来的研究证明，在高炉中 Fe_2O_3 与 CO 反应不能全部转化为 Fe 和 CO_2。

【科学研究】

变量控制

科学研究中，对于多因素（多变量）的问题，常常采用只改变其中的某一个因素，控制其他因素不变的研究方法，从而将复杂的多因素问题简化为若干个单因素问题逐一研究，并最终整合这些单因素的研究成果。这种变量控制的方法是科学探究中常用的方法。例如，探究比较不同温度对化学反应速率的影响时，控制浓度和其他影响因素相同，而比较不同浓度对化学反应速率的影响时，则控制温度和其他影响因素相同，最后综合得出影响化学反应速率的多种因素。

【化学与环保】

化石燃料与新能源

化石燃料的短期不可再生和燃烧排放污染物的两大问题，亟待节能和寻找清洁的新能源。了解理想型新能源的特性及当前已实际应用的新能源种类。利用控制工业生产条件等手段，获取所需的工业产品，同时实现环境保护与资源利用的和谐共生。

【化学与生活】

燃料电池

燃料电池在航天、军事和交通等领域有广阔的应用前景。

【化学与职业】

电池研发人员

电池研发人员的工作包括电池构成材料的研制、电池性能的改进和应用的拓展等。以燃料电池为例，研发过程中需深入探究电极、电解质等基本构成材料的性质及其相互间的相容性。同时，考察不同类型电池材料在不同应用场景下对温度、湿度等环境因素的适应能力，并进一步探索采用何种材料能有效提升电池容量。这些研究工作关系着电池的效率、寿命、安全性、适用性和制造成本。在许多科研机构和生产企业中，都有具备着扎实的化学基础的研究人员从事电池研发工作。

（七）第七章

【化学史实】

芳香族化合物与苯

在 19 世纪初，英国科学家迈克尔·法拉第首次发现了苯，并将其命名为“氢的重碳化合物”。随后，法国化学家热拉尔等人确定了苯的相对分子质量为 78，分子式为 C_6H_6。奥地利化学家洛施密特提出了苯具有环状结构的假设。德国化学家凯库勒进一步发展了这一理论，认为苯分子中 6 个碳原子之间形成了一个稳定的环状结构，即“凯库勒式”，这个结构由碳原子以单、双键交替结合而成，形成了一个稳定的“核”，可以与其他碳原子相连，形成芳香族化合物。

【科学研究】

认识有机化合物的一般思路

探究一种有机物，我们首先需从其结构剖析，仔细审视其碳骨架与官能团，明确其所属类别；随后，融合该类有机物的一般特性，合理推测其可能展现的性质，并通过实验手段加以验证；在此坚实基础上，进一步挖掘该有机物的实用价值。另外，还可以根据有机物发生的化学反应，了解其在有机物转化（有机合成）中的作用。与认识无机物类似，认识有机物也体现了“结构决定性质”的观念。各类有机物在结构和性质上具有的明显规律性，有助于我们更好地认识有机物。

【化学与生活】

黏合剂和涂料

黏合剂又称胶黏剂，日常生活中常用的糨糊、胶水就是最普通的黏合剂。黏合剂根据来源可分为天然黏合剂和合成黏合剂。合成黏合剂的黏结力强，性能优异，得到了广泛的应用。随着汽车和电子等工业领域的快速发展，对黏合剂的性能要求日益提高。因此，一系列特种黏合剂应运而生，它们具备耐高温、耐低温、导电、导磁和导热等特性，以满足这些行业对黏合剂性能的高标准。

涂料可用于建筑、船舶、车辆，以及家电、家具的保护和装饰。特种涂料在化工、航空等领域具有重要的用途。

【化学与职业】

营养师

在生活中，面对丰富多样的食品，如何根据个人的身体状况选择更适合的品种？在医院中，针对患者的具体病情，如何精心设计食谱以促进其更快康复？在运动训练中，如何通过饮食及时补充体力，保证训练效果？遇到这些问题时，营养师会根据食品科学、营养学和医学专业知识，结合服务对象的特殊需求进行膳食指导。营养师需深入了解食物的化学成分，密切关注各类营养素对健康产生的具体影响，同时熟练掌握食物营养学和食品加工的相关知识，为此，他们必须具备扎实的化学基础，特别是有机化学方面的知识。目前，营养师在我国还是一个新兴职业。随着公众对健康生活要求的不断提高，将有越来越多的营养师出现在医院、学校、餐厅和食品企业中，成为人们的健康顾问。

（八）第八章

【化学史实】

化学与药物设计、合成

屠呦呦，我国著名的药理学家，因发现青蒿素及其在疟疾治疗中的显著疗效，荣获2015年诺贝尔生理学或医学奖。青蒿素是从黄花蒿中提取的抗疟疾药物，具有高效和速效的特点，尤其对脑型疟疾和抗氯喹疟疾有显著疗效。

【化学与环保】

资源利用与环境污染

地球上的金属矿物资源有限，且金属冶炼易造成环境污染，要多途径合理开发和利用金属资源。天然气水合物的分解伴随甲烷释放，可诱发海底地质灾害，加重温室效应。石油作为原料，其衍生出的合成材料大量生产并被广泛使用，然而，这一过程中急剧增加的废弃物，正给人类社会带来前所未有的环境压力。

化肥与农药的不当施用，给人类健康带来了严重威胁，其中，滴滴涕、六六六等有机合成农药便是典型例证，因此，我们必须合理施用化肥，并致力于研制和开发新型低毒农药。

大气污染物的主要成分及其带来的危害，工农业生产及日常生活中产生的污水所造成的危害及其处理方法，以及固体废弃物处理所应遵循的三项基本原则，均需我们深入了解。利用“人工光合作用”摆脱自然限制，改善地球环境。

【化学与生活】

处方药与非处方药

处方药需要凭医生处方才能从药房或药店获得，并要在医生的指导下使用。非处方药则不需要凭医生处方，消费者可自行购买和使用，其包装上有“OTC”标识。

【化学与职业】

环境保护工程师

环境保护工程师的主要工作是预防和治理环境污染，包括对环境问题的调查研究、分析监测、管理监督和对环境污染的控制与治理等。例如，应用光谱分析、滴定分析等化学分析方法对环境中的污染物进行分析和鉴定；研究大气中 PM_{10} 浓度、$PM_{2.5}$ 浓度和臭氧浓度；测定土壤和水样品的成分，检测其中的农药残留和废弃物污染等。环境保护工程师在各大研究单位及企业中，致力于环境保护相关工作，涵盖污水处理厂及城市资源再生系统的规划与建设，居民区给排水系统的设计与优化，以及各类生产中“三废”排放的监控与治理。

二、选择性必修 1

（一）第一章

【化学史实】

热化学研究的先驱——盖斯

最早研究反应热的是法国化学家拉瓦锡和数学家、天文学家拉普拉斯，他们测定了碳单质的燃烧热。1840 年，盖斯发现了盖斯定律，该定律指出化学反应的热效应仅取决于反应物和生成物的状态，与反应路径无关。盖斯定律的提出早于能量守恒定律的确立，它为计算那些难以直接测定的化学反应热提供了一种间接方法，成为化学热力学发展的基石，并且至今在化学研究和工业应用中发挥着重要作用。

【化学与生活】

重要的体内能源——脂肪

脂肪是人体重要的能量储存物质，占成年人体重的 10% ～ 20%。当糖类供能不足时，脂肪会水解为高级脂肪酸和甘油，再经氧化反应释放能量，为机体活动提供动力。此外，脂肪还具有提供必需脂肪酸、促进脂溶性维生素吸收和维持体温等功能。中国营养学会建议每日油脂摄入量为 25 ～ 30 g，加上食物中的脂肪，总量应控制在 50 ～ 60 g 以满足需求。然而，过量摄入脂肪会导致肥胖等健康问题，因此合理控制脂肪摄入对维持健康至关重要。

【科学研究】

中和反应反应热的测定

该实验通过简易量热计测定盐酸与 NaOH 溶液中和反应的反应热，体现了科学研究中定量分析与误差控制的严谨性。实验步骤包括：（1）测量反应前盐酸和 NaOH 溶液的温度；（2）混合后记录最高温度，计算温差；（3）重复实验以减小随机误差。数据处理：通过公式计算反应放热，并换算生成 1 mol H_2O 的焓变（单位：kJ/mol）。为提高准确性，需注意：①反应物浓度略过量，确保盐酸完全反应；②迅速混合并保温，减少热量散失；③多次测量取平均值。通过该实验可验证中和热的理论值，同时培养学生在实验设计、数据分析和误差评估方面的科学思维能力。

了解火箭推进剂

聚焦于火箭推进剂的发展与应用，探究其历史、现状及未来趋势，揭示化学反应能量变化在航天和军事领域的重要价值。研究内容包括：（1）梳理火箭推进剂的发展历程，了解其技术演进；（2）分析我国常用推进剂的类别、成分及特性，如液体推进剂（液氢/液氧）和固体推进剂（复合燃料）的实际应用；（3）探讨未来趋势，如绿色环保推进剂（如甲烷燃料）和可重复使用技术的突破。启示：推进剂的革新直接推动航天技术进步，同时体现化学能高效转化的科学价值，深化我们对能源利用与科技发展的理解，进一步激发人们对科学探索的浓厚兴趣。

【化学与环保】

绿色能源——氢能

氢能是理想的绿色能源，燃烧仅生成水，无二氧化碳（CO_2）等温室气体排放，从根本上避免了化石燃料造成的环境污染问题；且能量密度高，放热量优于传统燃料。然而，其广泛应用仍需攻克储存（如高压、液态储存）、运输安全以及低成本制氢（例如电解水耦合可再生能源技术）等一系列技术难关。随着绿氢技术（太阳能/风能制氢）和燃料电池的发展，氢能在交通、工业等领域潜力巨大，将成为实现碳中和的关键。推广氢能既能缓解能源危机，又能促进可持续发展，是未来清洁能源的重要方向。

（二）第二章

【化学史实】

勒夏特列

勒夏特列，法国化学家。他的研究领域广泛，著述颇多，其中《高温测量》一书被译成多种文字，被公认是一本经典著作。根据大量的事实，勒夏特列于1884年提出了“平衡移动原理”。1888年他又用简洁的语言阐明了这一原理：每一种影响平衡因素的变化都会使平衡向减少这种影响的方向移动。后人为纪念勒夏特列，便把“平衡移动原理”称为“勒夏特列原理”。这一原理在工业生产中得到了广泛应用，显著提升了生产效率。

合成氨——实验室研究与工业化生产

氨是最基本的化工原料之一。1898 年，德国的弗兰克等人研究出了氮气与碳化钙（CaC_2）、水蒸气反应制备氨的方法。德国化学家哈伯在 1902 年开始研究氮气和氢气直接合成氨，并于 1908 年申请了循环法合成氨的专利。这一创新方法，后来被称为“哈伯－博施法”，是人类科学技术领域的一项重大突破。博施的工业化实现，使得合成氨成为全球主要化工原材料之一，尤其在现代农业生产中扮演着重要角色。合成氨的生产技术不断进步，例如 2016 年中国科学院大连化学物理研究所研制的新型催化剂，为发展更加节能的合成氨生产技术提供了新的思路。全球合成氨市场在 2019 年末的总产量达到 17 000 万吨以上，预计未来几年全球合成氨市场总产量将保持平稳增长的态势。

【化学与生活】

飞秒化学

飞秒化学通过 10^{-15} ~ 10^{-12} 秒级的时间分辨技术，揭示了化学反应中瞬态中间体的存在。例如，化学家泽维尔研究氰化碘（ICN）发生光分解反应时，测得反应时间为（205 ± 30）$\times 10^{-15}$ s；为研究 H^+ 与 CO_2 的气态反应，跟踪观察反应的整个过程。因在飞秒化学方面的突出贡献，1999 年泽维尔获得诺贝尔化学奖。他的成就带给我们两个方面的启示：一方面，技术及设备（硬件）的改进是重要的；另一方面，研究中的长期积累和创新思维（软件）更为重要。

【化学与环保】

了解汽车尾气的治理

燃油车排放的尾气含有多种有害物质，如一氧化碳和氮氧化物，这些物质不仅直接危害人体健康，还对生态环境造成严重影响。以辛烷燃烧为例，空气燃油比和温度等条件直接影响尾气成分，凸显化学反应条件优化的重要性。我国通过排放标准管控和催化技术治理尾气：（1）三元催化转化器能将 CO、碳氢化合物和氮氧化物转化为无害物质；（2）SCR 技术（选择性催化还原）专门处理柴油车尾气的氮氧化物。这些技术手段不仅保障了人们的出行便利，还有效地减少了环境污染。启示：遵守环保法规、发展绿色技术是平衡现代生活与生态保护的关键。

（三）第三章

【化学与生活】

血液的酸碱平衡

人体血液的酸碱平衡是化学维持生命健康的典型实例。血液的正常 pH 为 7.35 ~ 7.45，微小偏差即可引发酸 / 碱中毒，危及生命。其稳定依赖血浆中的 H_2CO_3/HCO_3^- 缓冲体系。当强酸（H^+）进入时，HCO_3^- 会迅速与之反应，生成无害的二氧化碳和水。相反，强碱（OH^-）的侵入则促使 H_2CO_3 释放 H^+ 进行中和，共同维持着血液的 pH 值在一个动态平衡的状态。这一机制解释了人体如何应对饮食、代谢或疾病导致的酸碱波动。例如，剧烈运动产生的乳酸会被缓冲系统及时中和，呼吸系统通过排出二氧化碳辅助调节。化学原理的应用不仅保障了生理功能正常运转，也为医学检测（如血气分析）和治疗（如静脉补液）提供了理论依据，体现了化学与生命活动的深度关联。

【科学研究】

盐溶液的酸碱性

该实验通过测定不同盐溶液的 pH 值，探究其酸碱性与盐类型的关系，体现了科学研究的分类与归纳方法。实验选取 NaCl、Na_2CO_3、NH_4Cl 等六种盐，分为强酸强碱盐（如 NaCl、KNO_3）、强酸弱碱盐（如 NH_4Cl、$(NH_4)_2SO_4$）和强碱弱酸盐（如 Na_2CO_3、CH_3COONa）。实验结果表明：强酸强碱盐溶液呈中性（$pH \approx 7$），强酸弱碱盐溶液呈酸性（$pH<7$），强碱弱酸盐溶液呈碱性（$pH>7$）。研究运用分类法和控制变量法，通过 pH 试纸或 pH 计定量分析，验证“谁强显谁性”的盐类水解规律。

【化学与环保】

了解水处理过程中的化学原理

硬水含 Ca^{2+}、Mg^{2+}，软化方法包括煮沸（分解碳酸氢盐为沉淀）或离子交换树脂（置换 Ca^{2+}/Mg^{2+}），减少水垢的生成，从而有效降低了能源消耗。工业锅炉水垢可通过盐酸酸洗去除，避免设备损坏及安全隐患。污水处理中，化学法如中和反应（石灰调节酸性废水）、混凝沉淀（氯化铁絮凝悬浮物）、氧化还原（次氯酸杀菌）等，有效去除污染物，保障水体安全。这充分体现了化学在推动节水减排、加强生态保护方面所发挥的核心作用。

（四）第四章

【化学史实】

历史上第一个化学电源

1789 年，意大利生理学家伽法尼在解剖青蛙时意外发现肌肉收缩现象，他将此归因于“动物电”。随后，意大利物理学家伏打对这一现象产生了兴趣，通过多次实验，他设计了一种验电器来检验电量，并提出了金属活动性顺序。伏打的研究不仅否定了伽法尼关于动物电的观点，还揭示了电流产生的真正原因。1799 年，伏打研制了能维持一定电流的电堆，为科研、生产提供稳恒电源，使电能成为人们认识、改造自然的锐利武器。1807 年，英国化学家戴维通过伏打电堆产生的电流，成功电解熔融苛性碱，首次制得了钾和钠等元素。这一突破不仅促进了新元素的发现和研究，还为电化学领域的创建和发展奠定了基础。

【化学与生活】

暖贴的设计与制作

暖贴利用金属（如铁粉）的电化学腐蚀原理发热，反应中活性炭加速氧气吸附，食盐溶液增强离子导电性，共同提升放热效率。其发热效果受铁粉纯度、原料配比（如炭盐比例）及环境湿度影响，通过实验优化可延长发热时间。制作时需注意安全，避免高温灼伤，废弃暖贴含金属残留，应分类处理。该设计将化学氧化还原反应转化为实用热能，体现化学原理在生活中的创新应用。通过实验改进配方，可平衡效能与成本，为冬季保暖提供绿色解决方案。

三、选择性必修 2

（一）第一章

【化学史实】

离散的谱线

在历史上，许多元素是通过原子光谱发现的，例如铯和铷。稀有气体氦则是在 1868 年通过分析太阳光谱被发现的。特别地，铯的发现过程颇具传奇色彩，它最早是从一瓶矿泉水中被发现的。在现代化学中，常利用原子光谱上的特征谱线来鉴定元素，称为光谱分析。1814 年，德国物理学家夫琅禾费发明了分光镜并用来观察太阳光，发现在太阳光谱中有 570 多条黑线，后人称为夫琅禾费线；1859 年，德国科学家本生和基尔霍夫发明了光谱仪，证实了夫琅禾费线实质上是原子的吸收光谱；丹麦科学家波尔揭示了原子光谱为何呈现出离散的谱线，而非连续的谱线；1925 年，德国科学家洪特得出了过渡元素光谱学基态原子的电子排布，为构造原理的确立奠定了基础。

三张有重要历史意义的周期表

1869 年，门捷列夫制作了历史上第一张周期表，从第四周期开始每个周期截成两截，第 1 ~ 7 族分主副族，第八族称为过渡元素；1905 年，配位化学鼻祖维尔纳制作了一张特长式周期表，每个周期一行，各族元素、过渡金属、稀有气体、镧系和锕系，各有各的位置，同族元素上下对齐。虽第六、第七周期因镧系和锕系元素种类未知而未定，前五个周期的元素种类被完全确定；1922 年，波尔对汤姆孙周期表进行了改进，他特别将 21 ～ 28、39 ～ 46 等元素用方框标记，并利用原子结构理论来解释周期系的规律。

稀有气体及其化合物的发现

1868 年，天文学家洛克耶和杨森首次在太阳光谱中探测到了氦的存在。20 多年后，英国化学家拉姆齐成功确认并分离出了氦元素，接着在 1892 年，他与物理学家瑞利携手发现了氩，此后又与其他科学家共同努力，逐一揭示了氪、氖、氙这些稀有气体的面貌。直至 1923 年发现氡，历时半个多世纪，稀有气体的整个家族成员才被全部确认。1962 年，化学家巴特利特合成了氙的第一个化合物，之后又分别合成了 XeF_2、XeF_4、XeF_6 三种简单化合物。最终，科学家们发现，所谓的惰性气体其实并不惰性，于是它们被重新命名为稀有气体。

【化学与生活】

核外电子跃迁与生活中的光

在日常生活中，我们看到的许多可见光，如焰火、霓虹灯光、激光、荧光、LED 灯光都与原子核外电子跃迁释放能量有关。烟花中的金属盐在高温下被激发，电子跃迁释放特定波长的光，如：钠发黄光、铜发绿光、锶发红光，形成绚丽色彩；霓虹灯的玻璃管内填充了稀有气体，当电流通过时气体原子吸收能量，外层电子被激发到高能级轨道，但电子不会久留，会迅速跃迁回基态，同时释放出特定波长的光，不同气体的原子结构差异决定了电子跃迁释放的能量不同，因此光的颜色各异。

【化学与环保】

原子光谱技术与环境监测

在现代化学中，常利用原子光谱上的特征谱线来鉴定元素，称为光谱分析。原子吸收光谱法在环境保护领域具有广泛的应用，能够检测水体中的铅、铜、铬、镉和汞等重金属元素。该技术不仅限于元素的定性分析，还能通过冷原子吸收法区分有机汞和无机汞，以及通过火焰原子吸收光谱法直接测定土壤中的钼。原子吸收光谱法因其高灵敏度，特别适用于痕量和超痕量金属元素的检测，测量结果准确可靠。这些特点使得原子吸收光谱法成为环境监测中不可或缺的技术手段，为环境保护提供了有力的技术支持。

（二）第二章

【化学史实】

巴斯德与手性

在19世纪中叶，法国科学家路易·巴斯德通过显微镜手工分离了酒石酸盐的两种光学异构体——右旋和左旋晶体。这一实验不仅揭示了分子结构的不对称性与光学活性之间的联系，而且证实了分子的不对称性是生命机理的关键因素之一。巴斯德的这一发现，不仅在化学领域具有里程碑意义，还为化学成为生命科学基础奠定了重要基石。2003年，全球化学家投票评选化学史上十项最美实验，1848年巴斯德用手工在光学显微镜下把左型酒石酸盐晶体和右型酒石酸盐晶体分开的实验被选为十项之首。

【化学与生活】

分子结构修饰改善生活与医疗

分子结构修饰是指不改变分子的主体骨架，保持分子的基本结构不变，仅改变分子结构中的某些基团而得到的新分子。经过结构修饰后，分子的特性会发生变化。为提高药物的治疗效果，降低毒副作用等，可将药物分子的结构进行修饰。例如：布洛芬的成酯修饰可改善该药对胃、肠道的刺激性；通过用三个氯原子取代蔗糖分子中的三个羟基，得到的三氯蔗糖甜度高、热量极低且安全性良好，适合糖尿病患者食用，因此被视为一种近乎理想的甜味剂。

【科学研究】

共价键

观察乙烷、乙烯、乙炔的分子结构，确定 σ 键和 π 键的数目；解释乙烯分子中 π 键是如何形成的；预测乙炔分子中 π 键是如何形成的。从观察、解释到预测，发展科学思维有助于深化理论认识。绘制乙炔分子 π 键图示，将抽象理论转化为具体操作，实践深化理论理解的同时实现思维可视化。通过电负性差别分析离子键与共价键的形成，凸显对比在区分现象本质、培养逻辑思维中的关键作用，展现科学研究中归纳总结规律的过程，培养从现象提炼本质的能力。

制作分子的空间结构模型

用橡皮泥或黏土和牙签等材料制作分子的空间结构模型，展示制作的分子空间结构模型，并与同学交流心得。实物模型可以建立对分子的空间结构的直观认识，利用实物模型构建分子的空间结构，将原本抽象的分子结构具象化，使理论知识与实践操作相辅相成，从而加深对科学知识的领悟。不同分子有着精确的键长与键角数据，制作模型时需遵循这些客观事实，反映出科学研究的真实性与严谨性。

【化学与环保】

表面活性剂

表面活性剂在水中会形成亲水基团向外、疏水基团向内的胶束。由于油渍等污垢是疏水的，会被包裹在胶束内腔，这就是肥皂和洗涤剂的去污原理。传统含磷洗涤剂中的磷元素在排放到河流湖泊后，会导致水体富营养化，进而引发藻类植物和水草的过度繁殖。这些水生植物死亡后腐败，会释放出甲烷、硫化氢、氨等有毒气体，使水质混浊发臭，水体缺氧，最终导致水中鱼、虾、贝类等水生生物死亡，严重破坏了河流湖泊的生态环境。研发和使用对环境友好、可生物降解的表面活性剂，避免对水体等生态环境造成危害，契合绿色化学理念。化学相关产业在开发和推广表面活性剂等产品时，有责任选择环保型原料和生产工艺；对于消费者而言，也有责任选择环保的清洁产品，践行绿色生活方式。

【化学与职业】

手性药物研发工作者

手性分子在生命科学和药物生产方面有广泛的应用，现今使用的药物中，超过 50% 为手性药物，这一比例随着技术进步和市场对纯对映体药物的偏好而持续增长。对于手性药物，一个异构体可能是有效的，而另一个异构体可能是无效甚至是有害的。研发并应用有效的单一手性药物，能够消除无效或有害手性异构体带来的毒副作用，同时减轻用药量和人体对无效手性异构体的代谢压力，增强药物的针对性。因而手性药物研发，具有十分广阔的市场前景和巨大的经济价值。

（三）第三章

【化学史实】

金刚石的形成与发展

同位素断代实验证实，所有的天然金刚石至少已有 9.9 亿岁了，其中许多甚至已达 32 亿岁！天然金刚石在离地表 100 ~ 200 km 深的地幔中，在温度为 900 ~ 1 300 ℃，压力为 4.5×10^9 ~ 6.0×10^9 Pa 条件下形成。人工合成金刚石，在 20 世纪 50 年代理论论证了合成金刚石需要高压高温条件后，逐渐从实验探索发展成大规模的工业生产。用高压釜施加高温高压并加入金属镍等金属催化剂，石墨可转化为金刚石。20 世纪 80 年代，甲烷等简单碳氢化合物与大量氢气混合，在微波炉里形成低温低压的等离子体在硅等基质上沉积，能得到颗粒微小的金刚石的薄膜。近年，已用这种方法获得了宝石级大钻石。

【化学与生活】

等离子体与液晶

等离子体是一种特殊的气体，在日光灯和霓虹灯的灯管里，在蜡烛的火焰里，在极光和雷电里，都能找到等离子体。等离子体凭借其卓越的导电性和流动性，被广泛应用于制造等离子体显示器，并通过等离子体技术进行化学合成；此外，在等离子态下，还能引发核聚变这一壮观现象。液晶独特地融合了液体的流动性与黏度形变性，以及晶体的导热性、光学特性和各向异性，展现出非凡的物理性质。由于施加电场，可使液晶的长轴取向发生不同程度的改变，从而显示数字、文字或图像可用于手机、电脑和电视的液晶显示器；合成高强度的液晶纤维，已广泛应用于飞机、火箭、坦克、舰船、防弹衣、防弹头盔等。

【科学研究】

准晶

以“准晶”为关键词，利用互联网查阅相关资料，并回答相关问题。文献研究法要求利用互联网查阅资料 ，通过收集、整理和分析已有的文献信息来获取知识。过程中需甄别资料的可靠性与准确性，能让研究者秉持实事求是的态度，追求真实、准确的科学知识。根据查阅的资料，请自拟题目写一篇有关“准晶”的小论文。撰写小论文需要对收集的信息进行整合，形成逻辑清晰、论据充分的论述后进行成果输出。整个探究体现了科学研究的一般路径以及科学规范、严谨求实的科学态度。

明矾晶体的制备

在日常生活中，常见到色彩和外形都很漂亮的晶体。我们可以通过化学实验的方法制备晶体。以“晶体生长”为关键词，在互联网上查阅资料，了解晶体生长过程有哪几个阶段。依据实验步骤制备明矾晶体。整个探索之旅，始于查阅资料以洞悉晶体生长的各个阶段，继而精心设计实验步骤，最终分析结果并展开讨论，这一过程不仅锤炼了分析问题和解决问题的能力，更为形成科学的思维方式奠定了坚实基础。制备明矾晶体的实验步骤精确，如对水温、溶液温度的严格控制，体现科学研究需严谨细致。探讨并制定快速制备明矾大晶体的创新实验方案，不仅能够激发创新意识与探索精神，还能推动我们不断追求更高效、更卓越的方法。

【化学与环保】

天然气水合物——一种潜在的能源

许多气体与水形成水合物晶体，20 世纪末科学家发现的海底和大陆冰川或永久冻土底部的天然气水合物晶体，又称甲烷水合物。甲烷水合物因其可燃性被视为一种潜在的新能源，但甲烷水合物在常温常压下会迅速分解释放出甲烷，甲烷是一种温室气体；学习化学有助于我们理解这种新型能源的性质和开发利用的可能性，为解决能源危机提供新的思路。还有助于我们评估其开发和使用过程中可能对环境造成的影响，从而制定有效的环保措施。

四、选择性必修 3

（一）第一章

【化学史实】

碳价四面体学说的建立

化学家范托夫在上中学时就非常爱好化学，他常常用父母给的零用钱积攒下来购买实验所需的药品，并对早期有机化合物结构理论的问题进行深入思考和质疑。他认为平面结构基础上的化合物的结构式并不能反映它的真实结构，在甲烷分子中，碳的 4 个价键指向正四面体的顶点，碳原子位于四面体的中心，氢原子位于四面体的 4 个顶点。经过无数次的实验探索，科学家们终于成功建立了碳的四面体学说，这一理论为人们更深入地认识和了解有机化合物的结构与性质奠定了坚实的基础。

【科学研究】

色谱法

俄国植物学家、化学家茨韦特在玻璃管的一端塞上棉花，在管中填充碳酸钙粉末，再把溶有绿色植物色素的溶液自上而下注入玻璃管中，成功从植物色素中提取叶绿素、叶黄素和胡萝卜素等较纯组分，并发表了第一篇关于色谱法的论文。德国化学家库恩在分离、提纯胡萝卜素异构体和确定维生素的结构时应用了色谱法，并因此在1938年获得诺贝尔化学奖。其后，人们还开发了纸色谱、薄层色谱、气相色谱和高效液相色谱等多种色谱方法，丰富了科学研究和工业生产中物质的分离和提纯的方法。

【科学研究】

青蒿素结构的测定

青蒿素是抗疟疾的有效成分，20世纪70年代我国屠呦呦等科学家从中药中提取出了青蒿素。随后，中国科学院上海有机化学研究所和中国中医研究院中药研究所等单位的科学家们通过元素分析、质谱法分析、红外光谱和核磁共振谱分析、X射线衍射等多种实验方法，最终确定了青蒿素的分子结构。青蒿素分子结构的成功解析，标志着中国有机化学研究取得了重大突破。

（二）第二章

【科学研究】

导电高分子的发现及应用

白川英树的学生在做合成聚乙炔的实验时，错误地提高了催化剂的用量，结果在反应液中形成了一层银白色发亮的膜状物，白川英树敏锐地捕捉到了这一反常现象，并决定深入探究其中的奥秘。他与化学家麦克迪尔米德、物理学家黑格合作，发现了掺杂 I_2 的聚乙炔具有与金属材料一样的导电性。高分子材料本属于不导电的绝缘体，他们的这一发现，为高分子材料的应用开辟了全新的领域——导电高分子的制造成为可能。白川英树、麦克迪尔米德、黑格三人在导电聚合物研究领域的开创性贡献，使得他们获得了 2000 年的诺贝尔化学奖。

【科学研究】

乙烯的生产和应用

给学生布置了研究性课题。研究目的是调查乙烯的生产在石油化工中的核心地位，了解乙烯产品在石化产品中的占比以及乙烯工业对国民经济的重要性，并探究乙烯产量如何成为衡量国家石油化工发展水平的重要标志。研究任务涵盖查阅乙烯工业生产原理资料，掌握我国乙烯工程的基本规模；探究衣食住行中哪些产品源自乙烯基础原料；设计以乙烯为基础原料的常见有机化合物合成路线，并领悟化学制造对美好生活创造的重要意义。通过自主探究，学生感受化学发展与时代发展的密切关系，彰显以创新发展为核心的时代精神，培养学生自主探究能力与思维。

【化学史实】

凯库勒和苯的分子结构

为纪念德国有机化学家凯库勒对有机化合物结构理论的发展做出的重大贡献，现在广泛使用的苯的结构简式被称为凯库勒式。但是，根据凯库勒式给出的苯的结构，还是有很多事实难以得到解释。研究表明，苯分子中并不存在单、双键相间的结构，而是形成了闭合的大 π 键。苯含有大 π 键的高度对称的分子结构比较稳定，难以表现出类似乙烯的典型烯烃的化学性质，难以被酸性高锰酸钾溶液氧化，也难以与溴发生加成反应。

（三）第三章

【化学与环保】

臭氧层的保护

卤代烃在日常生活中有着广泛的应用。科学研究表明，氯氟烃等消耗臭氧层物质在紫外线作用下分解，产生的氯原子自由基会对臭氧层产生长期破坏，导致臭氧层出现“臭氧空洞”，从而对地球上的生物构成威胁。为了保护臭氧层，国际社会于 1987 年制定了《关于消耗臭氧层物质的蒙特利尔议定书》，旨在逐步淘汰消耗臭氧层的化学品。中国于 1991 年 6 月加入该议定书，并积极履行国际义务，淘汰了包括氯氟烃、卤代烃等在内的消耗臭氧层物质。1995 年，诺贝尔化学奖授予致力于研究臭氧层被破坏问题的三位环境化学家。

【化学史实】

苯酚的消毒作用

一天早上，在阳光照耀下，英国外科医生利斯特通看到空气中飞舞的无数灰尘，突然联想到一些问题：伤口接触到这么多灰尘，这里面会不会有细菌呢？接触伤口的绷带、手术刀和医生的双手会不会沾染细菌呢？患者伤口感染会不会跟这些细菌有关呢？于是，他着手探索有效的消毒手段。经过调查和多次研究，他发现苯酚（石炭酸）具有消毒的作用。在手术前使用石炭酸溶液为手术器械消毒，并用石炭酸溶液洗手，会使患者术后感染的现象明显减少。通常，酚类消毒剂仅适用于外用。至今，人们已经发现了多种消毒方法，如加热、使用消毒剂、紫外线照射等。

【化学与生活】

自制肥皂

布置自制肥皂的实践课题，研究目的是通过化学实验的方法制取肥皂，体验化学知识在实际中的应用，并初步了解有关表面活性剂的知识。研究任务聚焦于通过模拟工业肥皂生产流程，利用家用食用油及食用碱自制肥皂；同时，借助网络资源，以“肥皂的去污原理”为搜索关键词，深入探讨肥皂的去污机制，并进一步查阅资料，全面了解表面活性剂的种类及其在实际应用中的情况。

【科学研究】

官能团的保护

含有多个官能团的有机化合物在进行反应时，非目标官能团也可能受到影响。此时需要将该官能团保护起来，先将其转化为不受该反应影响的其他官能团，反应后再转化复原。例如，有机合成中的某些反应可能会使羟基受到影响，需要对羟基进行保护。此时，可以将羟基转化为醚键，使醇转化为在一般条件下比较稳定的醚。相关合成反应结束后，再在一定条件下脱除起保护作用的基团（保护基），恢复羟基。

（四）第四章

【化学与生活】

丰富多样的甜味剂

甜味剂是能赋予食物甜味的食品添加剂，按其营养价值可分为营养性甜味剂和非营养性甜味剂，按其来源可以分为天然甜味剂和合成甜味剂。尽管一些甜味剂的甜度可以达到蔗糖的百倍以上，并且代谢产生的能量较低，不易导致龋齿，但它们仍可能被口腔细菌利用产生酸，增加龋齿风险。因此，合理使用甜味剂是关键，以确保食品美味的同时，不会对健康造成危害。同时，由于甜味剂可能对人体健康产生影响，需要对其进行全面的安排评估。

【化学与环保】

纤维素与燃料乙醇

纤维素是地球上来源十分丰富的可再生资源，我国仅农业生产每年产生的秸秆就超过 6 亿吨。近年来，利用秸秆生产燃料乙醇引起了很多国家的关注，成为秸秆资源综合利用的新途径。与传统的以淀粉为原料生产燃料乙醇相比，以纤维素为原料具有原料成本低，来源广泛等优点。我国已经有一批工业化生产装置开始运行，在生物质能源利用领域进入了国际先进水平。

【化学史实】

我国率先人工合成结晶牛胰岛素

胰岛素是由胰腺分泌的一种激素，具有调节体内糖类、蛋白质和脂肪代谢等功能。在 1965 年 9 月 17 日，以王应睐为首的中国科研团队，包括中国科学院上海生物化学研究所、上海有机化学研究所和北京大学化学系的科学家们，经过长达七年的不懈努力和通力合作，首次成功合成了与天然牛胰岛素结构、生物活力、物理化学性质和结晶形状完全一致的结晶牛胰岛素。这一成就标志着世界上第一个人工合成的蛋白质的诞生，对生命科学的发展产生了深远的影响。所得产物的结构和物理、化学性质与天然牛胰岛素完全一致，生物活性也十分接近。这项工作有力地推动了生命科学的发展，是人类在探索生命奥秘征途中迈出的重要一步。

【科学研究】

PCR 技术

聚合酶链反应（PCR）是一种在生物体外扩增 DNA 片段的重要技术，可使痕量的 DNA 扩增几百万倍。人体毛发、血液和古生物残骸中的痕量 DNA，都能通过这项技术加以扩增，以便在检测后获得相关的生物学信息。当前，自动化 PCR 仪的问世极大地加速了核酸检测进程，其应用范围已涵盖传染病、遗传病、恶性肿瘤的诊断，以及司法鉴定、考古研究等多个领域。

（五）第五章

【化学史实】

高分子科学的奠基人——施陶丁格

在20世纪初，多数学者认为树脂、橡胶等在溶液中是以小分子缔合形成的胶束形式存在。而以施陶丁格为代表的少数学者认为这些物质本身是由许多原子构成的大分子，这些大分子的溶液具有胶体的性质。1922年，施陶丁格指出聚乙烯和天然橡胶等聚合物是由众多小分子单体通过共价键连接形成的链状分子，为建立高分子科学奠定了基础。1953年，施陶丁格获得了诺贝尔化学奖，以表彰他为建立高分子科学做出的贡献。

【化学与生活】

聚氯乙烯薄膜能用于食品包装吗?

聚氯乙烯薄膜的透明性好，具有防潮、防水、绝缘等性能，应用广泛。但是，聚氯乙烯本身较硬，为提高其塑料制品的可塑性、柔韧性、稳定性等，需加入增塑剂、稳定剂等。这些掺杂在聚氯乙烯高分子链间的小分子能起到润滑的作用，利于高分子链的运动。但是，这些增塑剂小分子在室温下会逐渐“逃逸”出来，使柔软的塑料制品逐渐变硬；有的增塑剂还具有一定毒性。所以，不能用含增塑剂的聚氯乙烯薄膜生产食品包装材料。

【化学与环保】

可降解高分子

废弃的塑料制品会危害环境，造成“白色污染”。这是因为它们在自然界中降解非常慢。为了根除“白色污染”，人们联想到淀粉、纤维素可以在自然界中被微生物降解，以及有些高分子材料在吸收光能的光敏剂的帮助下也能降解的事实，研究出微生物降解和光降解两类高分子。现在还出现了聚乳酸与淀粉等混合制成的生物降解塑料。近年来，我国科学工作者已成功研究出以 CO_2 为主要原料生产可降解高分子材料技术，已经投入小规模生产，为消除“白色污染”和减轻温室效应做出了贡献。

【科学研究】

天然橡胶

天然橡胶是异戊二烯的聚合物，具有顺式结构。天然橡胶原为线型高分子，硫化后转变成网状结构，增加了它的强度与弹性。最常见的天然橡胶是三叶橡胶树产出的橡胶；还有一种是杜仲树产出的橡胶，称为杜仲胶。杜仲胶可以从杜仲树的树皮、叶、果实中提取。杜仲树是我国特产，适应性强，种植面广。杜仲胶硬而弹性差，属于硬橡胶，但绝缘性好。我国科学工作者正在研究开发杜仲胶，使它既能生产塑料也能生产橡胶。现已开发出多种产品，如杜仲胶形状记忆材料、代替石膏的医用骨科夹板、海底电缆、绝缘器材等。

第四章 初中化学课程思政的课例设计

课例一 水的组成

湘潭市第十六中学 胡云

一、教学理念

本课例的教学设计深刻植根于大概念教学理念之中，巧妙融合了中学化学课程与思政教育的精髓。大概念教学作为一种前瞻性的教育模式，其核心在于围绕核心概念构建知识体系，鼓励学生通过深度学习和理解，逐步塑造起坚实的科学素养与创新能力。在本课例中，核心概念聚焦于“水的组成”，我们精心设计了氢气燃烧实验与水的电解实验，旨在引导学生从宏观视角逐步深入微观层面，从定性分析过渡到定量分析，全面而系统地展开科学探究之旅。与此同时，我们充分利用现代信息技术的强大优势，如同屏技术、克隆技术等，将抽象复杂的化学知识转化为生动形象的图像与动画，极大地提升了课堂的趣味性和教学效率。更为重要的是，我们始终将思政教育贯穿于大概念教学的每一个环节，通过深入挖掘化学史中的宝贵资源和讲述科学家的感人故事，潜移默化地培养学生的科学精神和家国情怀，激励他们积极关注社会问题，勇于担当社会责任，为推动社会发展贡献自己的力量。

二、教材分析

水，作为日常生活中最常见的物质，不仅是生命之源，更是化学学科入门的重要基石。本课例旨在引导学生透过水的宏观表象，深入探索其微观本质，从而为后续化合物性质、化学反应原理等核心知识的学习筑牢根基。在前期课程中，学生已系统学习了空气的成分及氧气的理化性质，而本节课将在此基础上，进一步拓展学生对纯净物的认知维度，帮助他们从元素组成与分子结构层面，深化对物质性质和分类规律的理解，为后续构建完整的化学知识体系提供思维框架。

在素养培育层面，本课例承担着双重教学使命：其一，通过电解水实验等探究活动，引导学生从宏观现象（如气体生成）推导微观本质，逐步建立“物质由元素组成”的科学认知观，特别是理解水分子由氢、氧两种元素以特定比例结合的内在逻辑，进而形成系统的物质观和化学思维；其二，依托实验观察、数据记录、现象分析、结论归纳等科学探究环节，培养学生严谨的实证精神与逻辑推理能力，使他们在掌握科学研究方法的同时，提升科学探究核心素养，为未来从事更深入的科学研究奠定方法论基础。

三、学情分析

九年级学生具备卓越的学习能力，思维活跃且极具创造性，对未知领域始终保持旺盛的好奇心与探索热情，擅长团队协作，在实验操作中展现出极强的动手能力，能快速理解并深度剖析复杂的化学概念，具备良好的知识迁移与应用能力。通过前期化学课程的系统学习，学生已熟练掌握基础化学知识，具备规范的实验操作技能和一定的科学探究经验，这些都为本节课的学习搭建了坚实的认知阶梯。

基于学生较高的科学素养和强烈的求知欲，在“水的组成”教学过程中，可适当拓展知识的深度与广度，设计一系列兼具趣味性与挑战性的实验探究活动。通过电解水创新实验、微观模型建构、跨学科知识融合等多样化教学手段，充分激发学生的探究热情，引导他们主动参与知识建构。同时，以问题链驱动探究过程，鼓励学生运用已有的科学探究方法，从宏观现象推理微观本质，深入理解水的元素组成与分子结构，在提升化学学科核心素养的同时，培养批判性思维和创新实践能力。

四、教学目标

1. 通过电解水实验操作、科学史料研读与分析，学生能准确阐述水是由氢、氧两种元素组成的化合物，熟练书写水分解与氢气燃烧的化学方程式，清晰构建水分子的微观结构模型，形成系统的物质组成认知框架。

2. 在氢气燃烧与水分解实验探究中，学生能够独立设计实验方案，规范完成实验操作，科学记录实验数据，并运用科学方法分析实验现象，从宏观实验结果推导微观本质，切实提升科学探究与实践创新能力。

3. 在探究水的组成与分子结构过程中，学生学会运用化学视角观察物质变化，通过证据推理培养逻辑思维，借助模型构建发展空间想象能力，在质疑反思中强化批判性思维，逐步形成解决化学问题的科学思维模式。

4. 通过科学家探究水组成的历史故事分享与实验实践，学生感悟科学探索精神，树立严谨求实的科学态度，恪守科学伦理规范，激发探索未知的热情，增强运用化学知识服务社会的责任担当。

五、教学重难点

1. 引导学生通过水的化合和分解来探究水的组成，知道探究纯净物组成的一般思路和方法。

2. 引导学生观察、分析实验现象，结合资料进行推理，得出合理结论。

六、教学过程

【环节一】创设情境，引入新课

师：教师以多媒体展示水的三态变化动画（冰、液态水、水蒸气），结合生活实例（如河流、云雨、冰川）引导学生回顾水的物理性质，并进一步引导学生从生活现象过渡到科学探究，提出水的化学组成问题。

生：学生结合生活经验列举水的常见用途（如饮用、灌溉、工业冷却），并主动思考水的化学组成与分解可能性，部分学生联想到氢气燃烧实验，推测水可能与氢气相关。

思政融入：通过联系水资源在生态和社会中的重要性，引导学生关注水污染、节水环保等社会议题，初步渗透科学服务于社会的价值观。

【环节二】介绍水的组成发现史

师：教师通过时间轴形式展示科学史上的关键节点，从亚里士多德的“四元素说”到普利斯特里发现氢气、卡文迪许与拉瓦锡的定量研究。特别强调拉瓦锡通过精密仪器测定水的组成的过程，例如通过加热水蒸气通过灼热的铁管，收集到可燃性气体，并通过实验后称量发现水的质量减少，铁管质量增加，从而判断铁转化为氧化物。此外，播放科学家实验复原视频，强调科学家的严谨态度与创新精神。

生：学生分组讨论科学研究的验证过程，总结科学发现需要实证与批判性思维，并举例分析错误理论（如燃素说）对科学发展的影响。

思政融入：渗透科学精神教育，着重展现科学探索的曲折历程与严谨态度，旨在培育学生尊重客观事实、敢于开拓创新的宝贵品质。借助拉瓦锡在法国大革命期间坚守科学真理的壮举，启迪学生领悟科学家勇于挑战权威、矢志不渝追求真理的高尚情操，进而涵养家国情怀，增强社会责任感。

【环节三】探究水的组成之氢气的燃烧实验

师：教师演示锌粒与稀硫酸反应制取氢气，强调验纯操作的重要性，通过同屏技术实时投影实验现象，引导学生观察氢气燃烧的淡蓝色火焰及烧杯内壁水珠的形成，并指导分析生成物。

生：学生记录实验现象，得出“氢气燃烧生成水”的结论，并书写文字表达式。

思政融入：结合实验安全规范，强调科学探究须以安全为前提，强化学生的安全意识与责任意识。

【环节四】探究水的组成之水的分解实验

师：教师展示霍夫曼水电解器，讲解其构造与原理（直流电分解水），指导学生分组连接电路、调节电压，并观察两极气体体积比。

生：学生记录正极产生氧气（使带火星木条复燃）、负极产生氢气（点燃爆鸣声）的现象，测得体积比为 1∶2。部分学生提出需要进一步验证生成物并设计实验。通过数据分析得出“水由氢、氧元素组成”的结论，并书写文字表达式。

思政融入：借助小组分工（操作员、记录员、分析员）模式，强化学生的团队协作意识，并融入中国化学家的发明案例，阐释实验成果如何推动国家工业发展，进一步加深科技报国的理念。

【环节五】宏微结合推断水分子的构成

师：教师提供盖·吕萨克的气体体积比数据（2 体积氢气与 1 体积氧气生成 2 体积水蒸气），结合电解水实验的宏观现象，引导学生推导“1 个水分子由 2 个氢原子和 1 个氧原子构成”，并通过 3D 分子模型软件动态展示水分子的空间结构，利用克隆技术模拟微观水分子分解过程，帮助学生理解分子分解与原子重组。

生：学生分组绘制推导流程图，结合宏观数据（体积比）与微观模型（分子数目比），完成从实验现象到分子构成的逻辑推理。

思政融入：通过“宏观—微观”辩证思维的训练，引导学生理解科学研究的层次性，说明多角度分析问题的重要性。

【环节六】回归大概念，归纳探究纯净物组成的一般思路和方法

师：教师以思维导图形式总结本课探究路径：宏观现象观察 → 实验化合 / 分解 → 元素分析 → 微观结构推断，引导学生对比水的组成与其他纯净物（如二氧化碳）组成探究的研究方法，提炼一般性规律。

生：学生分组设计“探究食盐组成”的虚拟实验方案，提出“电解熔融氯化钠”等方法，并讨论可行性。

思政融入：通过总结科学研究方法论，强化“大概念”统领下的知识迁移能力，结合中国航天燃料研发实例，说明科学思维在解决实际问题中的价值。

【环节七】课堂小结，设置悬念，布置作业

师：小结水的组成及探究过程，布置作业（设计实验探究其他纯净物的组成、查阅科学史资料，看能否找到更好的方式来表示物质的组成）。

生：梳理知识要点，完成课后任务，预习后续学习内容。

思政融入：通过开放性作业与悬念设置，激发持续探究动力，深化科学态度与社会责任意识。

七、教学反思

通过科学探究活动、科学家故事分享与实验操作，系统培养学生化学学科核心素养与思政素养。课程围绕化学观念、科学思维、科学探究与实践、科学态度与责任四大核心要素展开，助力学生掌握水的组成元素与电解原理，形成科学的水资源认知。

教学中，信息技术手段的运用成为一大亮点。同屏技术展示实验细节，模拟实验还原反应过程，3D 模型构建知识框架，让抽象知识变得直观生动，有效提升课堂效率与学生学习兴趣。小组科学探究活动则为学生搭建了实践与交流的平台，学生在协作中锻炼动手能力，掌握沟通技巧，实现知识与能力的双重提升。

实验探究环节，学生通过亲自动手操作，直观感受水的电解过程，深入理解其原理，学习兴趣与探索欲被充分激发。科学家故事的引入，不仅丰富课堂内容，更潜移默化地培养学生的科学思维与探究精神。学生从科学家的探索历程中汲取力量，敢于质疑、勇于创新，在实验设计与数据分析中展现出良好的批判性思维能力。这种教学方式在提升学生化学学科素养的同时，也促进了其情感态度与价值观的积极转变。

然而，本次教学也存在改进空间。在信息技术应用上，虽然提升了教学效果，但与学生的互动深度不足，需进一步优化，确保学生充分掌握知识。在课程思政融入方面，虽已借助科学家故事培养学生科学态度，但对科学家爱国情怀与社会责任的挖掘还不够深入，后续需加强这方面的教学，全面培养学生的社会责任感与使命感。

课例二　水资源及其利用

湘潭市第二中学　戴晗烨

一、教学理念

新课程教学理念着重强调以学生为中心，注重培养学生的全面发展、创新思维、实践能力及终身学习能力。“水资源及其利用”这一教学内容与生活紧密相关，具备与多学科有机融合的特性，能为学生营造真实、综合的学习环境。STEM（科学、技术、工程和数学）教育理念同样以学生为主体，强调跨学科整合和实践教学，鼓励学生主动探索学习，着重培养学生的创新思维与问题解决能力，重视团队合作与沟通交流，强化技术应用和创新能力。

在本课例教学过程中，将 STEM 教育理念深度融入其中，采用小组合作的形式，引领学生深入探究水的净化流程，设计净化装置，并了解其在生活中的应用。同时，巧妙地将课程思政融入教学设计，依托学生生活经验与学习基础，传承中华优秀传统文化，提升学生科学素养与社会责任感，厚植爱国主义情怀，实现知识传授与价值引领的有机统一。

二、教材分析

本课例教学内容选自人教版九年级化学上册“水资源及其利用”单元，聚焦第三部分“水的净化”。教材以自然界的水经自来水厂净化后成为生活用水为情境导入，巧妙串联沉淀、过滤、吸附等净化操作，引导学生从社会生活视角逐步深入化学学科领域，系统理解水净化的原理与流程。这种编排方式既贴近生活实际，又能激发学生探索化学知识的兴趣，为后续学习奠定基础。

从课程思政的维度来看，教材蕴含丰富的育人元素。在生命理念培育上，通过揭示化学与生命起源、发展及生命活动的内在联系，让学生深刻认识到化学学科对生命科学研究和人类社会发展的重要意义，从而激发学生运用化学知识服务祖国、造福人类的使命感与责任感。

在科学精神培养方面，解决水净化问题的过程以及自制净水器等实践活动，为学生创设了模拟科学研究的情境。学生在实践中体会科学探索的艰难曲折，在优化实验方案、改进净水装置的过程中锻炼创新思维，切身感受科学探究的魅力，逐步形成勇于探索、敢于突破的科学精神。在环保意识提升层面，教材鼓励学生利用身边常见物品设计制作净水装置，将节约资源、环保理念融入实践操作。这一过程不仅培养了学生的动手能力，更在潜移默化中渗透可持续发展思想与绿色化学观念，增强学生的社会责任意识，引导学生关注与化学相关的社会问题，积极参与社会决策。

三、学情分析

经过前三个单元的化学学习，学生已积累了一定的知识储备，对水的净化有模糊认知，比如知晓过滤、吸附等常见净化手段，但尚未形成系统的知识架构，对净化原理、流程的理解较为零散，存在知识断层。同时，九年级学生正处于好奇心旺盛、求知欲强烈的阶段，对探索水净化背后的化学奥秘充满兴趣，且经过前期实验操作训练，已掌握基本的实验仪器使用方法与操作规范，具备开展探究性实验的能力基础。

针对学生的这些特点，在教学中可采用“自主探究 + 合作学习”模式。教师引导学生组建学习小组，利用课余时间通过图书馆、网络等渠道查阅资料，结合生活经验设计个性化净水方案，并鼓励开展家庭小实验，如利用简易材料制作净水装置，将实践过程与结果转化为课堂学习素材。课堂上，组织学生分享研究成果，通过组间交流碰撞思维火花，再进行分组实验操作，在实践中逐步完善水净化方法，系统了解自来水生产流程。后续教学中，以“改进自制净水器”为任务驱动，将知识与家庭生活用水场景结合，进一步激发学生的学习热情。在整个学习过程中，通过解决实际问题、小组合作互助等环节，自然融入思政教育，学生在收获知识与技能的同时，实现情感态度与价值观的提升，真正做到寓教于乐。

四、教学目标

1. 通过合作探究水的净化方法，明确纯水与自然水的区别，结合自来水生产流程，掌握吸附、沉淀、过滤等净水技术，全面培养和提升学生的自学能力、归纳能力、问题解决能力及科学思维水平。

2. 通过家庭和课堂中净化水的实践，初步掌握利用过滤方法分离混合物的技巧，进一步提升自学、归纳、解决问题的能力，培养并发展学生的科学探究与实践能力。

3. 通过参与水的净化过程，深刻感受爱护水资源的重要性及化学对社会的积极贡献，培养并强化学生的环保意识，增强热爱和保护祖国的社会责任感。

五、教学重难点

1. 了解吸附、沉淀、过滤等净水方法，熟练掌握过滤操作方法，培养学生科学探究与实践能力，增强学生关注社会和环境的责任感。

2. 引导学生从跨学科角度深入理解水的净化原理，设计并优化净水装置，在教学过程中有效融合思政教育。

六、教学过程

【环节一】课前准备：问题情境创设与小组合作实践

师：提供水文化资料，包括古代文人对水的赞美诗篇、不同民族与水相关的传统节日等内容。

生：了解水文化，感受水在人类文明发展进程中的关键地位。

师：布置预习任务：自然界的水含有多种杂质，以学校的池塘水为例，请大家思考净化方法；建议小组合作，分析杂质种类、去除方法，查阅资料设计净化方案，利用身边材料进行家庭实验，并记录实验过程和结果，拍摄实验装置照片，录制实验过程及解说视频。

生：小组合作讨论池塘水中的杂质，确定有不溶性杂质（泥沙、树叶等）、可溶性杂质（矿物质、色素等）、微生物等；查阅资料设计实验方案，制作简易净水器进行家庭实验，完成照片拍摄和视频录制。

思政融入：结合语文、历史学科，强调化学与生活的联系，体会化学学科的价值与传统文化魅力；结合物理、美术学科，理解过滤、吸附原理，在制作简易净水器过程中发挥创意，提升艺术审美；通过实践活动，增强学习兴趣、应用能力与环保意识。

【环节二】开启水的净化之旅：认识水的净化需求

师：播放展现水在自然界循环、人类生活生产中重要作用的小视频。

生：欣赏视频，感受水对生命、社会的重要意义，认识水的净化需求，思考水与人类的密切关系。

师：以学校的池塘水为例，引导学生思考池塘水中含有哪些杂质。

生：分析池塘水中的杂质：不溶性杂质（浑浊）、可溶性杂质（颜色、气味等）、微生物。

思政融入：借助地理、生物知识，培养珍惜水资源意识；通过生活实例，培养从化学视角观察、分析问题的能力，提升科学素养，学生意识到化学在改善生活用水质量方面的重要性，增强对化学学科的认同感和使命感。

【环节三】开启水的净化之旅：探究去除不溶性杂质的方法

师：联系生活中的沉淀现象，如河水静置后泥沙会逐渐沉淀，展示学生家庭实验中沉淀的视频，介绍利用身边废弃材料进行实验的意义；介绍明矾可帮助悬浮杂质沉降的原理，并演示吸附沉淀实验。

生：观察沉淀现象，理解利用身边废弃材料实验的意义；观察演示实验，学习并理解明矾在吸附沉淀中的作用，结合物理学科知识认识吸附过程中的物理作用，构建跨学科的知识理解体系。

师：展示学生自制过滤器，引导学生认识过滤操作可分离液体和不溶性杂质，让学生观察自制过滤器的结构，并对比、思考；引导学生自主学习课本，了解实验室过滤操作要点；组织学生进行过滤分组实验。

生：观察自制过滤器，结合工程设计和物理学科欣赏、对比，思考设计优缺点，探讨如何提高过滤效果；阅读课本内容，理解过滤操作中的物理原理，分组讨论实验室中的过滤操作方法；进行过滤实验，记录实验现象，分析实验结果。

师：针对部分小组实验出现的问题，如过滤速度慢、滤液仍浑浊等，组织学生分析原因，鼓励小组自评、互评；通过“找碴”小游戏，展示错误操作图片集。引导学生小结过滤操作注意事项，再次组织学生进行过滤实验。

生：分析实验出现问题的原因，小组自评、互评；参与“找碴”小游戏，加深对过滤操作要点的理解，小结过滤操作注意事项；再次进行过滤实验，熟练掌握过滤操作，体会成功的喜悦。

思政融入：利用身边的废弃材料进行实验，培养环保意识；通过实验操作和现象观察，培养科学探究精神；肯定展示作品，提升价值感和创新意识；通过自主阅读，培养自主学习能力；通过实验失败经历，培养抗挫折和解决问题的能力；通过自评、互评，促进教学评一体化；通过小游戏再现学生实验错误，提升学习兴趣，加深知识理解；在整个过程中，培养严谨细致、实事求是的科学态度。

【环节四】开启水的净化之旅：探究去除可溶性杂质、微生物的方法

师：通过生动有趣的家庭实验视频，展示活性炭如何有效去除色素和异味；利用虚拟实验室，讲解活性炭的吸附原理；引导学生探讨活性炭在日常生活中的应用实例。

生：推选小组代表上台讲解实验过程和结果；模拟操作活性炭吸附色素和异味的实验，了解活性炭吸附的原理；分享活性炭在生活中的其他应用，如净水器滤芯、空气净化等。

师：展示初步净化后的水，引导学生结合生物学知识思考处理水中微生物的方法；播放自来水厂的净水流程视频，展示消毒剂二氧化氯泡腾片，讲解其消毒原理，如二氧化氯具有强氧化性，可杀死微生物。

生：结合生物学知识明确水中可能存在微生物，提出煮沸、使用消毒剂等见解；观看视频并思考，了解自来水厂的净水流程，关注消毒方法——使用消毒剂，结合生物学掌握消毒剂的消毒原理。

师：引导学生分享生活中对自来水进一步净化及检测水质的方法。

生：分享查阅到的资料，如市售净水器、水质检测笔等；用水质检测笔检测净化后的水，直观了解水的净化效果。

思政融入：运用日常材料设计实验，增强环保意识并激发实验创新潜能；分享活动助力语言表达能力的提升；追问引导深度思考，结合生活实例领悟化学知识的广泛应用；观赏自来水厂工作视频，将化学理论与实际生产紧密联结；体验科技对生活的变革，点燃科研创新的火花。

【环节五】开启水的净化之旅：构建净水模型

师：引导学生回顾从沉淀、过滤、吸附到消毒的整个净水流程，以图表形式展示各步骤的作用和原理，帮助学生构建知识框架；对学生在探究过程中的积极表现和取得的成果给予充分表扬。

生：跟随教师的引导，小结净水流程，明确各步骤的目的和作用，如沉淀使不溶性杂质沉降，过滤分离不溶性杂质，吸附去除可溶性杂质的颜色和异味，消毒杀死微生物等；感受成功的喜悦。

师：展示答案，组织学生进行课堂巩固评价，提出一些与净水流程、操作要点相关的问题，如过滤操作中玻璃棒的作用，活性炭吸附属于何种变化等。

生：完成课内训练巩固，思考并回答问题，评价他人的作业，互相交流学习，共同提升知识掌握程度，查漏补缺，完善知识体系。

师：展示蒸馏水，引导学生认识纯水，讲解蒸馏水的特点和制取原理；布置课后思考："轻装前行"的纯水对我们的意义，探索更多获取纯水的方法。

生：观察蒸馏水，结合用水质检测笔检测净化后的水的结果，明确现在得到的水不是纯水，了解蒸馏可得到纯水；课后思考教师提出的问题，讨论并查阅资料，拓展知识的广度和深度。

思政融入：构建净水流程模型，完善水净化知识体系，培养严谨的科学态度，提升参与科学实验探究的兴趣和成就感；鼓励学生进行自评、互评，在交流中共同提升，持续激发学习动力；通过拓展提问，深度认识学习化学的个人价值与社会意义。

【环节六】拓展提升——保护水资源的重要意义与化学的贡献

师：播放本土水资源视频，引导学生从化学、生物、地理等多学科角度分析保护水资源的重要意义，阐述化学对于社会的贡献，探讨生物净水技术；补充展示新型纳米材料在净水中的应用、海水淡化技术的发展现状等。

生：观看视频，感受水资源与城市发展的紧密联系；分组讨论，从维持生态平衡、保障生活用水、促进经济发展等方面阐述保护水资源意义，从工业生产、环境保护、生命健康等角度分析化学贡献，探讨生物净水技术中微生物分解有机物的原理及优势，并分享讨论成果；聆听并了解化学学科在解决实际问题中的前沿动态。

师：布置拓展作业，包括绘制净水流程的思维导图和项目式学习作业——小组结合跨实践活动，创新改进并完善自制净水器，进行检测，撰写实验报告。

生：课后分组完成作业，绘制思维导图时融入多学科知识，改进自制净水器时结合工程学优化结构，提升净化效果，检测水质并记录数据，撰写实验报告。

思政融入：通过视频感受家乡之美，激发对家乡的热爱之情，进而提升保护环境的社会责任感；认识化学科学对人类的积极意义，激发爱国情怀；探讨生物净水技术，发展跨学科融合能力；通过项目式学习作业，提升团队协作、创新能力，感受科学家的社会责任，树立正确价值观和环保意识，提升综合素养。

【环节七】课后：总结归纳，评价提升

师：课后对各小组本次的活动进行总结与评价，收集各小组项目式学习作品，举行校内作品展。

生：查看教师评价，并进行组内总结反思；欣赏作品展，并学习借鉴。

思政融入：通过全面的总结评价，让此次学习活动形成闭环，促进评价体系的完善；增强学生对实践探究的兴趣，培养学生相互学习、共同进步的品质，进一步深化思政教育成果。

七、教学反思

本次教学以 STEM 教育理念为核心，深度融合化学学科知识与思政教育，通过构建“课前探究 — 课中实践 — 课后拓展 — 多元评价”的完整学习闭环，取得显著教学成效。

在课堂实践层面，学生主体地位得到充分体现。通过创设开放性探究情境，如“自制净水器”创新实验，引导学生自主提问、设计方案、尝试不同材料组合，有效激发了学生的创新思维与科学探索精神。同时，教学活动紧密结合“双减”政策要求，利用课前课后时间开展实践活动：课前组织小组合作查阅资料、设计并完成家庭实验；课后布置实践性拓展任务，打破传统书面作业的单一模式，既丰富了学习体验，又减轻了学业负担，为培育学生核心素养创造了良好条件。

评价体系的多元化是本次教学的一大亮点。通过从知识掌握、实践能力、团队协作、思政表现等多维度对学生进行综合评价，不仅能够精准反馈学习效果，还能及时发现学生在环保行动、社会责任等思政领域的闪光点，为个性化教学提供科学依据，有效促进学生全面发展。此外，教学中融入本土水资源视频、我国古代水净化技术等内容，让学生在了解科学知识的同时，增强地域认同感、文化自信与爱国情怀；在探讨水资源保护与化学社会价值的过程中，学生的环保意识与社会责任感也得到显著提升。

然而，教学过程中也暴露出一些有待改进之处。一方面，此教学模式对教师的课程设计与课堂引导能力提出了更高要求，需要教师在前期投入更多精力进行教学设计与资源开发，并加强对学生的分层指导。另一方面，学生学习小组的协作能力仍需持续培养，以确保教学活动高效有序开展。在跨学科融合方面，虽然已整合物理、工程等多学科知识，但融合的深度与广度仍有提升空间。未来计划开展“校园水资源综合调查与治理”等项目式学习，引导学生综合运用多学科知识解决实际问题，进一步深化 STEM 教育理念，为学生的全面发展奠定更坚实的基础。

课例三　基于“双碳”目标下的 CCUS

湘潭市益智中学　黄心怡

一、教学理念

2022 年党的二十大明确指出，“立德树人”是教育的根本任务，为新时代教育指明方向。在教育创新浪潮中，跨学科主题学习作为培养学生综合素养的重要模式，突破单一学科边界，融合多领域知识与实践技能，助力学生应对复杂现实问题。新课标学习主题 5“化学与社会·跨学科实践活动”中的“基于碳中和理念设计低碳行动方案”，正是推动学生将化学知识与社会责任紧密关联，以创新思维构建低碳生活与生产实践方案的重要探索。

围绕“基于‘双碳’目标下的 CCUS（碳捕集、利用与封存）”学习主题，学生需系统梳理、整合多学科知识，深入理解碳中和理念，进而制定切实可行的低碳方案。物理学科从能量转换、节能减排技术原理切入，解析碳减排的科学依据；生物学科从生态系统碳循环、植物固碳等角度，阐释自然环境对碳中和的作用；道德与法治学科引导学生树立绿色发展理念，强化社会责任意识；地理学科则结合区域碳分布、气候环境等因素，分析不同地区碳中和的实践路径。各学科对“基于碳中和理念设计低碳行动”的审视视角各有侧重，将其内容以串联、并联相结合的方式进行整合，形成多维立体的跨学科知识网络。串联，是依据低碳行动的逻辑链条，按“问题发现—原理探究—方案设计—实践评估”的顺序，串联各学科核心知识；并联，则是针对同一低碳行动场景，如校园低碳改造，从不同学科维度共同探讨解决方案，拓展学生思维广度与深度，构建更广阔的跨学科认知视角，助力学生全面、系统地理解碳中和理念，提升解决实际问题的综合能力。

二、教材分析

本单元聚焦含碳元素物质的性质、用途及衍变关系，这一单元不仅是对前期化学知识与技能掌握程度的全面检验，要求学生灵活运用观察、实验、分析等学习能力，同时也为后续酸碱盐等核心知识的学习奠定基础，在初中化学知识体系中起到承上启下的关键作用。教材以“二氧化碳”为核心线索，系统整合碳单质、碳的氧化物、碳酸盐及含碳燃料四大板块内容。其编排设计呈现四大显著特点：

生活化情境创设：教材紧密联系学生日常生活场景，将含碳物质的性质与用途融入灭火器使用、炭火取暖、汽水制作等常见现象，引导学生在熟悉情境中发现化学问题，实现“从生活走进化学，用化学指导生活”的教学目标。

社会热点与科技融合：结合化石燃料过度使用导致温室效应加剧的现实问题，引入碳捕获、碳储存等高新科技成果，通过图文结合的科普资料、探究实验等形式，激发学生对化学与社会发展关联性的思考，培养科学探究兴趣与社会责任感。

任务驱动式教学：以“降低工厂废气中二氧化碳对环境的影响”为真实问题情境，设计碳减排（能源替代）、碳捕捉（化学吸收）、碳利用（资源化转化）、碳封存（地质存储）等递进式任务链条，引导学生在解决实际问题过程中，深化对碳循环、碳中和、低碳生活等核心概念的理解与应用。

多元化学习方式：围绕 CCUS（碳捕集、利用与封存）技术主题，通过高清工业流程图展示技术原理，搭配科普文章解读前沿动态，并设置“设计家庭碳足迹记录表”“模拟二氧化碳捕集实验”等实践活动，将理论学习与调查研究、动手操作相结合，构建多维度学习体验。

三、学情分析

1. 知识基础与学习动机：学生已完成化学基本概念（如物质分类、元素符号）和基础技能（实验操作、化学用语书写）的学习，对化学学科形成初步认知。但前期抽象化学用语（化学式、化学方程式）的学习，以及即将面临的酸碱盐复杂知识体系，易使学生产生畏难情绪和学习倦怠。本单元以含碳物质为研究对象，紧密关联温室效应、CCUS 技术等社会热点与前沿科技，通过生活化情境和实验探究，能有效缓解知识学习的枯燥感，激发学生对化学实际应用价值的探索热情，增强学习内驱力。

2. 学习能力分层与需求差异：班级学生呈现明显的能力分层现象。部分学生具备较强的知识迁移能力，能够自主梳理碳单质到碳化合物的性质演变规律，在实验设计、逻辑推理等环节表现出较高的创新性；而另一部分学生在知识理解与整合方面存在困难，需借助具象化案例（如干冰升华、炭火燃烧）和结构化思维导图，逐步构建完整的知识框架。此外，单元中丰富的实验探究活动（如自制简易碳捕捉装置）、跨学科任务（结合地理分析区域碳循环），既契合学生对实践操作的兴趣点，也对教师差异化指导和小组协作学习的组织提出更高要求，需平衡不同层次学生的参与度与学习获得感。

四、教学目标

1. 通过 CCUS 项目的学习和模拟感受，使学生形成性质决定用途、化学反应可以实现物质转化的化学观念。

2. 通过创设情境，培养学生分析、综合、归纳、基于实验事实进行证据推理、建构模型的科学思维。

3. 培养学生在实现“双碳”目标的过程中，运用化学、物理和生物等学科知识来实现碳捕捉、碳利用、碳封存的科学探究与实践能力。

4. 培养学生对化学学习和科学探究的浓厚兴趣，增强学生为推动社会进步的责任感，形成节约资源和保护环境的科学态度与责任。

五、教学重难点

1. 以 CCUS 项目背景下二氧化碳性质、用途的复习与酸碱盐知识的融合。

2. 将 CCUS 工艺中碳捕捉后的二氧化碳转化为高纯度二氧化碳的方案设计。

六、教学过程

【环节一】教学引入——了解碳达峰、碳中和的定义以及我国建立该目标的原因

师：播放温室效应对环境影响的视频；演示利用温度传感器验证二氧化碳的浓度对温度的影响实验；结合地理等学科总结温室效应加剧对环境的影响。

生：学生观看温室效应加剧对环境影响的视频；分析得出二氧化碳含量越高温度升高越快的结论；结合地理与化学知识分享全球气候变暖对环境的影响。

师：阐释“双碳”内涵，彰显展现中国大国担当。

生：结合政治与化学知识，分享碳达峰与碳中和的定义。

思政融入：在教学过程中，借助温度传感器开展实验，引导学生基于实验事实进行证据推理，培养其科学思维；通过直观的实验现象，让学生切实认识到二氧化碳浓度对温度产生的影响；鉴于温室效应正加剧全球气候变暖，我国坚定扛起保护环境的大旗，充分彰显大国担当，这也有助于增强学生的民族自豪感。

【环节二】：寻找碳排放的方式

师：联系化学知识，设疑生活中哪些途径会生成二氧化碳，哪些反应会生成二氧化碳；提示“石灰吟”中包含的化学反应。

生：结合化学与生物知识分享碳循环的过程；结合语文诗句，联想到高温煅烧石灰石。

师：根据学生讨论分析出来的二氧化碳生成的途径，构建知识网络模型。

生：协力合作，梳理构建生成二氧化碳的知识网络图。

思政融入：化学和生活的紧密联系，体会化学学科的实用价值；化学知识与中国传统文化的融合，弘扬中国优秀传统文化；根据生物圈碳元素的转化路径，直观展示生态系统的结构与功能，探索可持续的生态系统管理策略，建构“系统与模型”跨学科概念，帮助学生跨学科认识问题的本源，提升学生解决问题的能力。

【环节三】构建情境，设计碳减排的方法

师：现今二氧化碳排放量增大的主要原因；降低工厂废气中的二氧化碳对环境的影响；展示我国现今能源结构图。

生：分析二氧化碳排放量增大的主要原因是化石燃料的燃烧；分享清洁能源的相关知识；得出短时间化石燃料有不可替代性，矛盾依旧突出的结论。

思政融入：展现我国为实现“双碳”目标所采取的措施，大力发展和推广新型能源，了解国家政策；培养学生通过图表分析总结的能力；培养学生的探究精神、实证精神、逻辑思维，有效地进行辩证唯物主义教育。

【环节四】学以致用，寻找降低废气中二氧化碳对环境影响的方法

师：分析如何进行碳捕捉。

生：生物捕碳与化学捕碳。

师：分组实验1：每组提供等体积饱和的氢氧化钙溶液、氢氧化钠溶液、蒸馏水；三瓶装满二氧化碳的锥形瓶（内部有连接外界的小气球）或者质地较软的密封塑料瓶。

生：根据实验现象总结得出氢氧化钠溶液吸收二氧化碳的效果最好的结论。

师：碳捕集后的转化（利用封存前需要高纯二氧化碳），设计碳捕捉并将产物转化为高纯二氧化碳的工艺。

生：根据化学知识设计工艺流程图。

思政融入：培养学生形成归纳、对比的科学思维，并将学过的知识运用起来；结合物理学科的知识，通过实验现象得出结论，培养学生基于实验事实进行证据推理的科学思维；培养学生利用化学知识解决实际生产中的问题，体现学科价值；培养学生形成化学反应可以实现物质转化的化学观念；培养学生养成环保的科学态度与责任。

【环节五】了解碳利用的含义

师：如何将二氧化碳变废为宝；介绍以二氧化碳为原料的侯氏制碱法，利用二氧化碳合成淀粉的技术以及“零碳”甲醇。

生：制作碳酸饮料、灭火器、制冷剂和气体肥料等。

思政融入：在化学教学中，以制碱先驱的奋斗历程为引，回溯我国化工领域的辉煌成就，激发学生的民族认同感与文化自信；同时引入前沿化学技术，如绿色化学工艺等创新成果，拓宽学生认知边界，让他们深切体悟化学学科在改善生活、推动产业变革中的独特价值，从而建立化学赋能社会可持续发展的深刻认知。此外，通过剖析物质中碳元素的循环转化，帮助学生构建元素守恒的化学思维框架。在知识传授之外，还注重情感浸润，以科学家精神为榜样，引导学生树立崇高理想，强化其作为时代新人推动社会进步的使命担当。

【环节六】了解碳封存的含义

师：播放海洋封存、地质封存的视频。

生：观看视频，了解碳封存的方法。

思政融入：通过引入前沿技术，拓宽学生视野，学生真切领略化学的进步轨迹，深刻感悟其在推动社会发展进程中无可替代的重要学科价值。

【环节七】总结归纳知识网络，了解 CCUS 的含义

师：总结 CCUS 的含义；观看 CCUS 项目在未来低碳经济中发挥重要作用的视频。

生：观看视频，了解 CCUS 技术及其运用；感受和支持 CCUS 项目。

思政融入：通过展示化学理论在实际生产场景中的深度应用，学生直观感知化学学科解决现实问题的强大生命力与实践价值。同时，以科学家攻坚克难的奋斗故事与家国情怀为切入点，开展情感浸润式教育，激发学生求知热忱，引导他们将个人成长与社会发展紧密相连，自觉肩负起推动社会进步的时代责任。此外，聚焦全球气候变化、环境污染等热点议题，引导学生立足化学专业视角，探索绿色化学技术与可持续发展路径，鼓励他们以知识为舟、以行动为桨，积极投身环境保护事业，为守护地球家园贡献智慧与力量。

七、教学反思

在“双碳”目标导向下开展的跨学科实践教学，以真实社会议题为载体，在突破学科壁垒、培养学生综合素养的同时，也对教与学双方提出新的挑战。本次教学以碳中和理念为核心，引导学生从化学学科切入，深入探究二氧化碳的物质性质、碳循环规律及物质转化关系，并通过实验模拟、方案设计等活动，直观感受碳捕获与封存技术、可再生能源利用等低碳实践路径，有效将抽象的环保理念转化为具象的学习体验。

教学过程中，围绕“低碳行动计划”构建的跨学科实践活动，有机整合化学、地理、物理及社会科学知识，形成立体化学习网络。学生在分析区域碳循环（地理）、探究能量转化原理（物理）、设计社区减排方案（社会科学）等任务中，不仅锻炼了综合分析、团队协作与创新思维能力，更通过跨学科视角深化了对低碳生活的理解与认同。这种教学模式将思政教育自然融入学科知识，有效唤醒学生的环保意识，助力可持续发展观念的内化，为培养未来社会绿色发展的践行者奠定基础。

在知识建构层面，教学以“实现‘双碳’目标”为主线，通过真实问题情境驱动，引导学生将零散的二氧化碳知识系统化。从生物化学视角梳理二氧化碳生成反应，到运用化学原理探索二氧化碳捕捉技术，逐步完善知识网络，既强化了学科内知识的关联性，又凸显化学知识在解决现实问题中的应用价值。

此次实践也促使师生共同成长：教师需不断提升跨学科整合能力与课程设计水平；学生则在多维度学习中实现核心素养的全面发展。教学评价体系的多元构建（学生自评、同伴互评、教师点评相结合）发挥了关键作用，通过精准捕捉学生在实践活动中的能力表现与思政素养提升轨迹，不仅为个性化指导提供依据，更为教学方案的迭代优化指明方向。未来教学中，需进一步深化跨学科融合的深度与广度，优化情境创设与任务设计，持续提升实践教学的育人效能。

课例四　金属资源的利用和保护

湘潭市九华中学　邹丽华

一、教学理念

本课例严格遵循《义务教育化学课程标准（2022 年版）》要求，立足新时代育人目标，将思政教育深度融入化学教学全过程，致力于培养学生正确的价值观、必备品格与关键能力。化学作为揭示自然规律、推动社会进步的核心学科，其教学不仅承载着知识传递的使命，更肩负着引导学生关注社会发展、强化责任担当的重任。通过思政元素与化学知识的有机融合，既能帮助学生深化对学科知识的理解，又能激发学生对社会热点问题的思考，培养其解决实际问题的能力与家国情怀。

在具体教学实践中，本课例以“金属锈蚀”探究为核心载体，引导学生运用类比推理、数据分析、归纳总结等科学方法，基于实验现象与证据构建金属腐蚀模型，进而解决生活中的实际问题。这一探究过程不仅锤炼学生的科学思维与实践能力，更在实验设计、数据验证的严谨过程中，潜移默化地培养学生求真务实、勇于探索的科学精神，以及尊重客观规律的价值观念。

教学策略上，采用问题驱动式教学与小组合作学习模式，通过创设真实情境与开放性问题，激发学生自主探究的积极性与团队协作能力。同时，有机融入国家科技发展成果与环保政策案例，如结合“双碳”目标阐释金属防腐技术在节能减排中的应用，使学生深刻理解化学知识对推动国家科技进步、实现绿色发展的重要价值，从而强化“资源保护，青年有责”的责任意识，实现知识传授、能力培养与价值引领的有机统一 。

二、教材分析

本课例内容取自人教版九年级化学下册“金属资源保护”展开教学。金属资源作为现代工业运转及日常生活运转的根基，其合理利用与妥善保护对社会可持续发展起着举足轻重的作用。本单元以金属腐蚀原理、防护手段以及资源的合理开发、回收利用为核心内容，全方位、系统化地呈现金属资源相关知识，为学生搭建起从化学视角洞察资源保护问题的关键桥梁。

从教材体系架构来看，本节课深化了学生对金属化学性质的认知。通过探究金属锈蚀条件这一核心实验，学生能够将金属与氧气、水等物质的反应原理具象化，进一步明晰化学反应的本质与规律，实现对前期所学金属知识的拓展与升华。同时，将金属资源保护与化学知识紧密相连，引导学生把化学知识运用到解决环境保护、资源节约等现实社会问题当中，强化知识的实用性与迁移性。此外，教材结合我国金属资源的实际现状，如部分金属储量的地域分布、人均占有量情况等，直观地展现出资源保护的紧迫性与重要意义。这不仅为后续学习化学与社会发展、环境保护等内容筑牢根基，帮助学生构建起完整的化学知识应用体系，更能促使学生树立起科学的资源观与可持续发展意识，深刻认识到自身在资源保护行动中的责任与担当。

在核心素养培育方面，本节课通过实验探究、资料分析等多样化教学活动，着重培养学生的科学探究与创新意识，使其学会基于实验现象提出问题、设计方案并获取证据，进而创新性地解决金属资源保护相关问题。同时，在探讨金属资源现状与保护措施的过程中，有效提升学生的科学精神与社会责任素养，让学生以严谨科学的态度关注资源问题，积极践行资源保护行动，成长为具有社会责任感的新时代人才 。

三、学情分析

经过前期化学课程的学习，学生已初步构建金属相关知识框架，能够理解金属的物理特性（如导电性、延展性）及典型化学性质（与氧气、酸的反应），并基于生活经验对金属锈蚀现象（如铁钉生锈、铜绿形成）有感性认知。但学生对金属锈蚀的本质（电化学腐蚀原理）、影响因素及科学防护措施的理解仍停留在表面，尚未形成系统认知，难以将生活现象与化学原理深度关联。鉴于学生普遍倾向通过直观实验操作、实践探究获取知识，教学中需强化实验设计的趣味性与探究性，引导学生从现象观察走向原理分析，实现知识的内化与迁移。

学生群体呈现显著的学习差异：部分学生对化学实验充满热情，动手操作能力强，但在实验原理分析、理论总结方面缺乏系统性指导；另一部分学生对思政元素（如资源保护、社会责任）敏感度高，却因化学知识储备不足，难以将社会议题与学科知识有效融合。此外，学生的生活背景差异（如家庭所处地域、家长职业涉及领域）也影响其对金属资源问题的认知视角。

基于此，教学将采用启发式、探究式教学与小组合作学习相结合的策略：通过创设阶梯式问题链（如“铁钉在不同环境中的锈蚀速率对比”）启发学生深度思考；以探究性实验任务驱动知识建构；利用异质分组模式，让不同能力、兴趣倾向的学生在团队协作中优势互补，既满足多样化学习需求，又通过组内互助、组间竞争激发学习动力，助力学生在知识掌握、能力提升与价值观塑造上实现全面发展。

四、教学目标

1. 通过设计探究实验，了解金属锈蚀的条件，深化控制变量法的实践应用能力，培养严谨求真的科学精神。

2. 通过构建模型和实验操作，掌握防止金属锈蚀的方法，培养学生的问题解决能力和科学思维。

3. 通过小组讨论和合作学习，提升学生的团队协作能力和交流表达能力。

4. 通过观看科普视频和案例分析，了解废旧金属对环境的危害，增强学生的社会责任感和国家意识。

5. 通过对金属锈蚀的影响展开辩论赛，激发学生的辩证思维能力，培养科学态度与责任的核心素养。

五、教学重难点

1. 探究铁生锈的条件（铁与氧气、水的共同作用）。

2. 掌握防止铁锈蚀的基本原理和方法（如隔绝空气或水、改变金属结构等），并能将其应用于实际问题解决中。

3. 认识到金属资源的有限性及其保护的重要性，树立节约资源与环境保护的自觉意识，同时着力培养学生的社会责任感及严谨的科学态度。

六、教学过程

【环节一】教学引入——了解金属腐蚀的危害

师：播放视频《金属的腐蚀》；设疑如何有效防止金属腐蚀与保护金属资源。

生：认识到金属材料用途广泛，同时了解金属锈蚀不仅损害材料本身，更会引发环境危害、缩短工程使用寿命，并导致产品质量下降等；同时交流得出，通过实验探究了解金属锈蚀的原因，才能更好地防止金属锈蚀，进而保护金属资源。

思政融入：感受金属锈蚀带来的经济损失和安全隐患，激发探究欲望；了解金属材料的应用广泛，借此引导学生体会化学实用价值，关注资源安全，树立节约、环保意识与社会责任感。

【环节二】探究铁制品生锈的条件

师：利用化学式展示铁锈的主要成分，并激励学生推测铁制品锈蚀的可能条件。

生：猜想：铁与氧气作用的结果；铁与水作用的结果；铁与水、氧气共同作用的结果。

师：鼓励学生设计实验并对小组设计的实验装置进行评价；启发学生优化设计；提供仪器与试剂，让学生通过实验验证猜想。

生：小组合作设计实验装置，进行展示与点评；探讨并得出除去水中氧气及空气中水蒸气的方法，合作优化实验设计后开展实验。

师：（铁生锈属于缓慢氧化，短时间内现象不明显）播放视频展示提前一周准备的铁生锈实验的过程及现象以验证学生的猜想。

生：分析得出结论：铁生锈的条件是铁和氧气、水同时接触。

思政融入：鼓励学生结合生活经验（如铁门锈蚀）与已有知识（如金属氧化反应）进行大胆且合理的猜想，以培养证据推理意识及科学质疑精神；启发学生构建探究实验的思维模型，小组合作优化对照实验，强化控制变量法的科学思维，改进实验装置（如油封隔绝氧气），提升团队协作与创新实践能力；引导学生经历科学探究，收集证据验证猜想，培养科学精神；通过归纳铁锈蚀的本质，渗透科学实证精神。

【环节三】防锈原理及方法

师：启发学生对比燃烧条件的模型，构建铁生锈条件模型；以铁为例，结合燃烧与灭火原理，思考防止铁生锈的原理与方法，举例说明并归纳。

生：构建出铁生锈条件的模型；交流归纳防止铁生锈的原理与方法并举例说明。

师：化学式展示铜锈的主要成分碱式碳酸铜并鼓励学生推测铜生锈条件及防锈原理。

生：推测铜生锈的条件为铜与氧气、二氧化碳、水同时接触；而防锈原理则是通过破坏这些生锈条件之一来实现。

师：举行以“金属锈蚀的影响”为主题的辩论赛。

生：正方：举证金属生锈如何服务人类生活与发展。反方：举证金属生锈给人类生活与发展带来的负面影响。

思政融入：通过引导学生类比燃烧条件模型（可燃物、氧气、温度），推导铁锈蚀条件的“三要素模型”（铁、氧气、水），以此培养科学建模与逻辑推理能力；通过对比铁 / 铜锈蚀条件差异，渗透“具体问题具体分析”的辩证思维；结合三星堆青铜器防锈技术案例，深入分析碱式碳酸铜生成的条件，进一步强化学科知识在文化遗产保护中的实际应用价值，紧密呼应《义务教育化学课程标准（2022年版）》中“化学与社会发展”的主题要求；通过课堂辩论赛，结合数据化论据与案例实证，培养学生基于证据的批判性思维，同时渗透“趋利避害、科技向善”的科技伦理观，强化“科学态度与社会责任”核心素养。

【环节四】金属资源的保护

师：资料介绍我国矿产资源的分布、储量及开发利用情况；播放科普视频《废旧金属的危害》；启发学生讨论总结金属资源保护的措施。

生：认识到金属资源的宝贵性和有限性；观看视频后，深刻认识到金属资源的有限性和保护的重要性，废旧金属的危害不容忽视，需加强回收工作，并加大宣传力度，提高公众的科学认识。交流总结得出：防止金属锈蚀；回收利用废旧金属；有计划合理地开采矿物；寻找金属替代品。

师：展示课前同学拍摄的校园金属锈蚀照片，课堂上大家据此设计防锈方案，课后上交学校后勤部门。

生：运用本节课所学知识设计防锈方案，预测效果，互评提建议。

思政融入：依托《中国矿产资源报告》权威数据，深入解读我国金属资源“总量可观但人均匮乏”的现实国情，带领学生深刻领会资源安全作为国家战略发展基石的重要意义。以攀枝花钒钛磁铁矿综合开发利用为鲜活案例，生动展现科技创新在突破资源开发瓶颈、提升利用效率中的关键作用，点燃学生科技报国的壮志豪情。借助精心制作的科普视频，直观呈现废旧金属对生态环境造成的危害，紧密结合“双碳”战略目标，剖析金属回收在降低冶炼能耗、减少碳排放方面的显著效益，切实增强学生的社会责任感与国家认同感。课堂上组织学生展开热烈讨论与总结，共同探寻保护金属资源的可行路径，推动资源保护意识、国家大局观念与可持续发展理念在学生心中生根发芽。设计校园金属设施防锈方案实践活动，鼓励学生将所学知识转化为实际行动，将优秀方案提交后勤部门落地实施，并通过精确计算预期效益，让学生真切体会科学知识解决实际问题的强大力量，进一步深化“知行合一”的科学教育理念。

【环节五】课堂小结

师：点评时着重强调金属资源保护的紧迫性，鼓励学生在生活中积极践行节约资源、爱护金属制品的理念，培养环保与节约的良好习惯。同时，根据学生的不同水平，分层布置基础性和实践性的作业。

生：分享探究实验过程中的经验以及感悟；分层完成作业。

思政融入：在金属锈蚀原理与防护策略的教学中，深度融合专业知识与思政教育元素。引导学生系统掌握金属腐蚀的化学机制、防护技术及应用场景，同时以我国现代材料科学成就为案例，厚植家国情怀，培养责任担当，实现科学素养与人文精神的协同发展，助力培育德才兼备的复合型人才。通过创设金属防腐工程、废旧金属回收等真实情境，鼓励学生运用化学知识分析并解决实际问题，在实践中感悟化学学科推动科技进步、服务社会民生的独特价值，激发探索创新的内生动力。

七、教学反思

1. 教学亮点与不足分析

本节课以“金属资源保护”为核心，通过多元教学活动实现课程思政与化学学科核心素养的深度融合。三星堆青铜器锈蚀案例的剖析，将化学知识与文化遗产保护相联结，生动展现学科应用价值；“金属锈蚀利弊”课堂辩论赛则打破传统教学模式，引导学生从社会、经济、环境等多维度辩证思考，有效培养批判性思维与社会责任感。启发式、探究式教学贯穿始终，学生通过自主设计实验、小组协作探究，在问题解决中锻炼实践能力与团队协作意识。然而，教学过程仍存在优化空间。在实验环节，因部分小组操作熟练度不足、实验步骤复杂，导致反应现象观察延迟，压缩了后续知识总结与拓展时间。此外，少数学生在将实验结论抽象为理论模型，并迁移应用于实际问题（如设计校园防锈方案）时存在困难，反映出分层指导与思维训练的不足。

2. 教学成果与素养提升

教学紧扣新课标要求，以探究任务驱动学习，学生在自主设计金属锈蚀对比实验、查阅行业资料、参与课堂辩论等活动中，科学思维与问题解决能力显著提升。

通过实验证据推理得出锈蚀条件，运用化学原理设计防锈方案，实现从知识理解到实践应用的跨越。课堂辩论中，学生能够理性分析金属锈蚀对工业生产、环境保护的双重影响，展现出较强的辩证思维能力。在思政育人层面，废旧金属污染案例与“双碳”政策解读的有机结合，使学生深刻认识资源保护的紧迫性；课后“校园金属设施防锈调查与方案设计”实践性作业，进一步强化了学生的环保意识与社会责任担当，实现知识学习与价值塑造的统一。

3. 教学优化与改进策略

针对教学实践中暴露的问题，制定以下改进策略：

优化实验设计与指导：课前发布预实验操作视频，细化实验步骤与注意事项，缩短课堂操作时间；实验过程中实施分层指导，为薄弱学生提供“一对一”帮扶，确保全体学生充分参与探究。

深化思政融合路径：引入国家“双碳”战略下的金属循环利用案例、新能源汽车轻量化金属材料研发等前沿成果，将资源保护、科技创新等思政元素自然融入知识讲解，增强教学内容的时代性与现实意义。

创新教学技术应用：借助虚拟仿真实验平台模拟复杂腐蚀环境，突破时间与空间限制；利用数字化传感器实时监测金属腐蚀速率，以可视化数据支持科学论证，提升探究活动的科学性与趣味性，满足不同层次学生的学习需求。

课例五　铁系食品脱氧剂的探究

湘潭市第十二中学　刘芳

一、教学理念

为全面贯彻落实《义务教育课程方案（2022年版）》要求，深入推进课程改革，切实落实立德树人根本任务，教学需聚焦课程的综合性与实践性，推动育人模式革新，着力培育学生核心素养。课程内容应紧密贴合学生生活实际与社会发展需求，强化化学学科内知识的系统化整合，通过创设真实情境，引导学生运用多学科知识解决复杂问题，实现从知识积累到能力转化的跨越。本课例以“铁系食品脱氧剂”为研究对象，采用项目式学习模式，旨在构建“知识 – 能力 – 价值观”三位一体的育人体系。学生在探究过程中，不仅能系统掌握金属的性质、金属资源的利用与保护等化学知识，形成物质转化、变化守恒等基本化学观念，还能激发对身边化学现象的探究兴趣。同时，通过参与项目实践，学生的科学思维、创新意识与实践能力将得到充分锻炼，逐步树立严谨的科学态度与强烈的社会责任感，为终身发展奠定坚实基础。

项目式学习作为以学生为中心的教学模式，其核心在于依托真实问题情境，组织一系列环环相扣的探究活动，让学生在“做中学、学中思、思中创”，亲历知识的建构过程。该模式突破传统教学重知识传授的局限，更加注重学生综合能力的培养，包括问题解决能力、创新实践能力、团队协作能力等。在“铁系食品脱氧剂”项目中，学生将整合化学知识，通过方案设计、实验探究、团队协作等环节，主动探索脱氧剂的作用原理与应用价值。这一过程不仅能深化学生对化学知识的理解，更能促使学生在实践中感悟知识的内在联系，实现从理论认知到实际应用的升华，真正达成“学以致用”的教学目标。

二、教材分析

本课例聚焦人教版九年级化学下册第八单元“金属和金属材料”单元复习，作为元素化合物知识体系的重要组成部分，该单元系统涵盖金属物理化学性质、实际用途、资源开发利用及保护等核心内容，充分体现义务教育阶段化学知识的完整性与实践性。此次复习课不仅是对金属知识的系统性梳理，更通过提炼元素化合物知识的学习方法与思维路径，为学生后续探索酸、碱、盐等复杂化学体系奠定方法论基础。

教学以“铁系食品脱氧剂”为项目式学习主线，围绕“成分探究 – 脱氧原理解析 – 铁元素回收方案设计”三大任务模块展开。学生通过设计实验验证脱氧剂成分、运用金属锈蚀原理分析脱氧机制、结合资源循环理念构思铁元素回收路径，在真实问题解决中践行“用中学”“做中学”“创中学”的实践育人理念。教学过程巧妙融合金属资源循环利用案例、我国高性能金属材料研发成就等前沿素材，将化学学科的实用价值、辩证思维方法、绿色发展理念及家国情怀等思政元素自然渗透于知识复习中。例如，通过分析脱氧剂废弃后的处理方式，引导学生树立人与自然和谐共生的生态观；借助我国在稀土金属材料领域的技术突破，激发学生的民族自豪感与科技报国志向，实现知识巩固与价值引领的双重目标，充分彰显化学学科的育人功能。

三、学情分析

经过一学期的化学学习，九年级学生已初步构建起科学探究思维框架，掌握物质性质检验、实验操作（如仪器使用、现象观察）、数据分析等基础能力，能够运用金属活动性顺序、化学反应原理等知识解释简单化学现象。其抽象思维与逻辑分析能力显著提升，对生活中的化学问题（如金属制品锈蚀、食品保存原理）表现出强烈的探究欲望，为开展“铁系食品脱氧剂”项目式学习提供了认知与心理准备。

学生群体呈现明显的能力分层特征。部分学生具备较强的自主探究意识，能够主动设计实验方案、建立知识关联（如将金属氧化原理迁移至脱氧剂作用机制），并在小组协作中发挥引领作用；而另一部分学生在实验设计、原理分析等环节存在困难，需要教师提供阶梯式指导（如实验步骤分解、问题引导清单），以及同伴互助协作才能完成探究任务。此外，不同学生对化学知识的兴趣点与接受方式存在差异，部分学生倾向于通过实验操作直观获取知识，而部分学生更擅长理论推导，教学需兼顾多元学习需求。

四、教学目标

1. 通过对食品脱氧剂的成分、脱氧原理、回收方法等进行探究和分析，复习和巩固金属相关知识，构建金属的知识网络，形成物质检验的一般方法，在科学探究中形成物质变化等化学观念，培养科学思维和创新意识。

2. 通过对生活中常见物品的探究，理解化学与生活生产的紧密联系，认识化学学科的实用价值，激发对化学学习的兴趣，形成主动探索化学世界的意识。

3. 通过对食品脱氧剂中铁元素回收的思考，形成节约资源和保护环境的社会责任；通过了解新金属材料的研究，认识科技进步对综合国力提升的重要意义，形成科技自立自强的科学态度。

五、教学重难点

1. 探究食品脱氧剂的成分，形成检验物质的一般方法。

2. 构建金属的知识网络，形成认识同类物质的基本方法。

六、教学过程

【环节一】创设问题情境，提出探究问题

师：创设问题情境——吃月饼时，发现月饼包装袋中的小袋（食品脱氧剂），设疑月饼包装中的食品脱氧剂的成分及其所起的作用。

生：联系生活实际，对食品脱氧剂成分进行初步猜测和分析，理解化学与生活的紧密联系，认识化学知识在生活中的实际应用。

思政融入：感受化学与生活的紧密联系，利用学生在日常生活中可能已经存在的疑惑来设计问题情境，提高学生的探究兴趣，形成“化学来源于生活、服务于生活”的科学思维，体会化学学科的实用价值和对社会发展的贡献。

【环节二】初步探究，设计实验检验成分

师：设学生活动 1——拆开未使用的食品脱氧剂包装，仔细观察脱氧剂，并对食品脱氧剂的成分进行合理猜测。

生：观察、分析食品脱氧剂的性质，结合脱氧剂在食品保存中的实际用途，小组合作对脱氧剂成分进行合理的猜测：食品脱氧剂中可能含有铁粉。

师：设置学生活动 2——设计实验方案验证食品脱氧剂中铁粉的存在；根据

设计的实验方案，分组进行实验，验证猜想。

生：小组合作讨论，根据铁的性质设计并形成实验方案：与稀盐酸反应观察气泡产生来检验铁粉的存在，与硫酸铜溶液反应观察是否反应生成红色的铜，以及用磁铁吸引来检验铁粉。根据实验方案分组进行实验，观察记录并分析实验现象，得出结论——食品脱氧剂中含有铁粉。

师：引导学生思考检验食品脱氧剂中铁粉存在的依据，归纳检验物质的一般方法；根据铁粉的性质复习金属的性质，并绘制出金属性质的知识网络。

生：总结铁粉检验的依据——铁的独特性质，梳理检验物质的一般方法；全面归纳金属的共同特性，动手绘制金属性质的知识网络图，构建起条理清晰的金属知识框架。

思政融入：在合理猜测、设计方案、实验验证中，不断分析与反思，发展学生的科学探究素养，提高实验分析能力和归纳总结能力，形成证据推理意识和严谨求实的科学态度，在合作中提高团队协作意识；在探究中建立起知识间的联系，构建物质用途反映物质性质的化学观念，初步学会利用物质性质来检验物质。

【环节三】分析脱氧原理，保护金属资源

师：展示食品脱氧剂的主要成分；设置学生活动 3——对比未使用和使用后的食品脱氧剂，观察其不同之处，并基于其不同点，分析食品脱氧剂的脱氧原理。

生：对比分析，依据使用后脱氧剂中出现的红棕色固体，猜测食品脱氧剂脱氧过程中铁粉发生反应，其产物的主要成分为氧化铁；根据食品脱氧剂的成分，结合铁的性质，分析食品脱氧剂的脱氧原理为铁的缓慢氧化。

师：设疑铁的缓慢氧化在日常生活中的发生形式；复习铁制品锈蚀的条件及防锈的方法。

生：探讨铁的缓慢氧化在日常生活中的应用实例，理解食品脱氧剂、暖宝宝发热以及钢铁锈蚀等现象背后的共同原理——铁的缓慢氧化。归纳铁制品锈蚀的条件，举例常用的防锈的方法，如涂漆、镀层保护等。

思政融入：在基于物质性质与转化规律分析、解决实际问题的过程中，引导学生逐步建构系统化的化学认知框架，形成对物质及其变化本质的深刻理解。通

过剖析同一反应原理在不同场景中的创新应用，帮助学生洞悉化学反应与日常生活、工业生产的深层关联。在此过程中，培养学生以辩证思维审视事物的多元属性，打破知识应用的思维定式，促使其主动探索化学知识赋能生活的创新路径，逐步建立“化学服务生活”的学科理念，实现从知识学习到价值创造的思维跃迁。

【环节四】保护金属资源，分析回收方法

师：金属资源是有限的，从生活实际出发，引导学生思考保护金属资源的有效途径。

生：总结保护金属资源的方法：防止金属锈蚀；回收利用废旧金属；有计划地、合理地开采金属矿物；寻找金属的代用品等。

师：设置学生活动4——小组合作讨论分析使用后的食品脱氧剂中铁元素的存在形式，思考铁元素的回收方法。

生：分析使用后的食品脱氧剂中铁元素的具体存在形态，并据此制定不同的回收方法：对于剩余的铁粉，可直接进行回收；而对于氧化铁，则需要先将其转化为铁后再进行回收。

师：设疑如何利用化学变化将氧化铁转化为铁，巩固CO还原Fe_2O_3的反应及工业炼铁的相关知识。

生：复习CO还原Fe_2O_3的反应及工业炼铁的原料、产品、反应原理等相关知识。

思政元素融入：以食品脱氧剂中铁元素的回收利用为切入点，引导学生深入探究金属资源循环再生的科学原理与经济效益，帮助其深刻认识资源回收对缓解资源短缺、减轻环境负荷的双重意义，从而强化节约资源、守护生态的社会责任感，筑牢可持续发展的思维根基。同时，通过解析食品脱氧剂生产工艺、金属回收流程等典型案例，展现化学理论向工业实践的高效转化，生动诠释“化学指导生产”的核心理念，学生直观感知化学学科在驱动产业升级、推动社会进步和促进经济发展中的关键作用，切实体会化学知识的实践价值与时代意义。

【环节五】金属前沿科技，感悟社会责任

师：视频展示国家体育场的建筑材料、铁基超导材料等我国在金属材料应用的研究新方向，理解金属材料的多样化应用。

生：观看和倾听，了解我国在金属材料方面先进的科研成果，认识科技进步对国家发展、社会进步的重要性。

思政融入：了解我国在金属材料应用研究领域的成就，理解我国科研实力的雄厚，认识科技进步对国家发展的重要性，增强学生对国家科技成就的自豪感，激发民族自豪感，在学生心中播下科技兴国的种子，形成科技自立自强的科学态度。

七、教学反思

本课例以“铁系食品脱氧剂”为项目载体，围绕成分探究、脱氧原理解析、回收方案设计等真实问题展开项目式学习，在系统复习金属性质、资源利用与保护知识的同时，构建起知识应用与素养培育的双重路径。学生通过解决“食品脱氧剂的成分与作用机制”这一核心任务，实现碎片化知识的结构化整合，在证据推理、模型建构中深化化学观念，激活科学思维，切实提升学科核心素养。项目探究过程中，通过自主规划实验、小组协作攻关、创新方案设计，充分激发学生的主体能动性，有效培养其自主学习、团队协作与创新实践能力。

教学实践将化学知识与生活实际深度融合，将传统单元复习转化为趣味项目探究。以脱氧剂为切入点，把金属氧化、合金特性等抽象知识融入生动情境，不仅显著提升学生学习兴趣，减轻学业负担，更推动学习方式从被动接受向主动探究、从浅表记忆向深度学习转变。在真实问题解决过程中，学生需综合运用化学、物理、工程等多学科知识，通过观察现象、分析数据、设计方案、迭代优化，逐步掌握解决复杂问题的科学方法，逻辑思维与创新能力得到充分锻炼。

课程设计巧妙嵌入“铁元素循环利用”“国产高性能金属材料研发突破”等思政元素，将资源节约、绿色发展理念与科技报国情怀自然渗透于知识教学。学生在探究脱氧剂回收价值时，深刻理解资源保护的现实意义；在了解我国金属材料领域的科研成就后，民族自豪感与科技强国使命感油然而生。这种“润物细无声”的育人方式，促使学生以辩证视角认识化学学科的社会价值，树立正确的世界观与价值观。课后学生围绕“铁基超导材料”等前沿问题展开追问，充分展现出其主动思考与深度探究的学习品质。

此次教学实践验证了学科知识与思政教育协同育人的可行性。未来将进一步优化项目设计，强化跨学科融合深度，挖掘更多生活化、时代化的教学素材，推动智育与德育的有机统一，助力学生成长为兼具专业素养与社会责任的新时代人才。

第五章　高中化学课程思政的课例设计

课例一　铁及其化合物

湘潭市第三中学　黄彪

一、教学理念

教育部《关于进一步加强新时代中小学思政课建设的意见》明确要求，以落实立德树人根本任务为核心，深化社会主义核心价值观教育，推进全学段思政教育一体化建设，强化思政课在铸魂育人中的关键作用。《普通高中化学课程标准》（2017 年版 2020 年修订）亦强调，化学教学应聚焦核心素养培育，着力塑造学生正确价值观、必备品格与关键能力，以适应现代社会发展需求。基于此，新时代化学教学需秉持“素养为本”理念，推动学习方式变革，强化创新实践能力培养，实现学科知识逻辑与价值引领逻辑的深度融合。

本课例以铁及其化合物性质探究为载体，创新构建课程思政育人体系。通过系统挖掘化学知识中的思政元素，充分彰显学科育人价值：在非遗文化体验环节，学生通过传统铁器锻造工艺赏析，感悟中华文化的深厚底蕴，激发科技报国的使命感；在补铁剂科学原理探究中，通过分析成分选择与吸收率优化策略，培养严谨求真的科学态度；结合本地龙头企业华菱湘钢的产业案例，引导学生认识钢铁工业对国家资源安全的战略意义，强化维护国家利益的责任担当。教学过程中，采用“知识探究 – 价值引领”双线并行模式，将氧化还原反应认知模型建构与社会主义核心价值观培育有机结合。学生在实验设计、现象分析、理论建模的过程中，既实现化学知识的迁移应用与关键能力提升，又在文化浸润、产业认知中厚植家国情怀，真正达成“以理启德、以智润心”的育人目标，展现化学学科独特的思政教育功能与价值。

二、教材分析

“铁及其化合物”作为人教版高中化学必修第一册的核心内容，在金属元素化合物知识体系中发挥承上启下的关键作用。教材以铁单质为认知主线，按照“金属通性认知 — 特性深度探究 — 价类转化建构”的逻辑脉络展开编排：

通性验证：基于金属活动性顺序表，通过铁与酸、盐溶液的置换反应实验，引导学生归纳金属的共性特征，巩固氧化还原反应等基础概念；

特性突破：以铁与氧气、氯气等非金属单质的反应为切入点，揭示铁作为变价金属的独特化学性质，深化学生对价态变化规律的理解；

模型建构：通过分析铁在不同氧化还原条件下转化为 + 2、+3 价化合物的过程，构建“价态 — 物质类别”二维认知模型，帮助学生形成系统的元素化合物研究方法。

该内容既延续了金属钠“结构 — 性质 — 应用”的学习范式，为学生提供可迁移的研究思路，又为后续学习铁的氧化物、氢氧化物及盐类知识奠定基础。同时，教材巧妙融入铁制品防腐技术、补铁剂吸收原理等 STS（科学 - 技术 - 社会）素材，将化学知识与生活、生产实际紧密结合，渗透“性质决定用途，用途反映性质”的学科思想，助力学生在实验探究、证据推理与模型构建中发展核心素养，实现知识学习与能力培养的有机统一。

三、学情分析

1. 学生已掌握金属钠与氯及其化合物的化学性质，初步构建了离子反应与氧化还原反应的理论模型，已具备物质转化实验探究的基本能力，能够运用“结构—性质—应用”模型解决实际问题。

2. 学生群体呈现认知取向与学习方式的差异：部分学生倾向探究铁系物质转化的科学本质，需通过任务式学习引导价类二维模型建构；另一部分关注铁化合物在环保、材料等领域的实践价值，要设置实际的案例分析强化知识迁移；教学中宜运用图表等辅助工具优化认知路径，并通过诊断练习矫正机械记忆倾向，实现差异化素养发展。

四、教学目标

1. 通过分组实验，引导学生深入探究铁的物理特性和化学性质，培养学生科学探究的核心素养。

2. 通过探索铁作为还原剂与不同物质（如酸和盐溶液、氧气、氯气）的反应过程，深入理解铁转为亚铁离子或铁离子的一般规律，从而发展学生变化观与平衡观，培养学生宏观辨识与微观探析的核心素养。

3. 通过实验探究铁与水蒸气的反应，并准确书写相关化学方程式，更深入地认识铁的化学特性，培养发展学生证据推理和模型认知的核心素养。

五、教学重难点

1. 学习铁的物理、化学性质。

2. 理解铁与水蒸气反应的实验原理，熟悉实验操作，学会书写化学方程式。

六、教学过程

【环节一】教学引入——创设情境，引出主题

师：播放视频——打铁花绝技的表演（非物质文化遗产），表演者将铁水击向高空后，它会迅速化为粉碎的微小颗粒，在空中飞舞，流星似火，非常壮观。

生：归纳总结得出铁具有导热速度快，传热快，冷却快等特点。

师：展示资料——2035 年我国将基本实现社会主义现代化，在建设过程中需要用到很多材料，尤其是金属材料。其中铁是用量最多，用途最广的金属。引导学生阅读书本，并回答出地壳中铁元素的含量排位；铁元素在自然界的存在形

式；化合物中铁元素的化合价。

生：通过阅读教材，归纳出铁元素在地壳中的含量位居第四，仅次于氧、硅、铝。铁在自然界中既可以以单质形式存在（如陨铁），也可以以化合物形式存在（如氧化铁、四氧化三铁等），且在这些化合物中，铁元素的化合价主要为 +2 价和 +3 价。

思政融入：体验非遗文化，领略传统魅力，培养观察归纳能力；聚焦国家战略资源，增强社会担当意识，构建家国情怀价值观，筑牢国家安全思想根基。

【环节二】探究铁的金属通性

师：图片展示——春秋初年秦国短柄铁剑、战国时期的铁器、现代铁锅、钢筋等。设疑引导学生结合资料与生活经验归纳铁的物理性质。

生：铁是一种金属元素，具有银白色金属光泽，熔点为 1 538 ℃，沸点为 2 750 ℃。它具有良好的延展性、导热性和导电性（金属通性），并且能够被磁铁吸引。

师：材料展示——材料一：① 近五年我国钢铁产能持续突破 12 亿吨大关，稳居世界首位；②春秋时期，我国先民已率先掌握冶铁技术，跻身世界冶铁文明发源地之列。材料二：引入明代于谦的《咏煤炭》，“凿开混沌得乌金，藏蓄阳和意最深。爝火燃回春浩浩，洪炉照破夜沉沉。鼎彝元赖生成力，铁石犹存死后心。”引导学生讨论分析材料，并找出材料二涉及的化学反应。

生：写出化学反应方程式；讨论得出较活泼金属（如铁）的冶炼方法——通过碳、一氧化碳、氢气等还原剂，在高温条件下将较活泼金属的氧化物还原，以获得金属单质。

师：指导学生完成分组实验。

生：将完成打磨后的铁丝分别与 2 mL 等浓度的盐酸、硫酸、硫酸铜进行分组实验，观察实验现象，并书写反应的化学方程式。

师：演示灼热的铁丝与氯气反应的实验。设疑引导学生利用氧化还原反应知识解决铁在分组实验和演示实验中的价态变化；利用微观视角深入分析反应中电子的得失情况，并据此总结出铁转为亚铁离子或铁离子的一般规律。

生：观察实验现象，讨论铁的元素价态变化；初识铁的价态变化规律：①铁单质遇弱氧化剂（如盐酸、稀硫酸、硫酸铜等）失 $2e^-$ 生成亚铁离子；②铁单质遇强氧化剂（如氯气、硝酸等）失 $3e^-$ 生成铁离子。

思政融入：以传统文化为精神纽带，将古代冶铁技艺的千年智慧与现代钢铁产业的创新发展有机融合，深度解析《咏煤炭》中蕴含的化学奥秘。在文史与科学的跨界碰撞中，既让学生领略中华优秀传统文化的博大精深，又激发其对现代科技成就的自豪之情，从而厚植文化自信，强化历史使命感。通过精心设计的分组实验，学生在合作探究中不仅提升了科学实践能力，更在团队协作中培养了沟通协调与问题解决能力。在微观层面探究价态变化与电子转移规律的过程中，学生逐步构建起严密的逻辑思维体系，同时在实验创新设计中激发创新思维，实现科学素养的全面提升。构建“知识传授、能力培养、价值引领”三位一体的课程思政体系，将科学知识与社会责任深度融合。引导学生以严谨的科学态度传承文化精髓，以创新精神推动科技发展，实现文化传承与科技创新的同频共振，培育兼具科学素养与家国情怀的时代新人。

【环节三】探究铁的特性——铁与水蒸气的反应

师：图片展示——港珠澳大桥与深中大桥。华菱湘钢提供了大量的桥梁钢，为港珠澳大桥供应约 12 万吨，为深中大桥供应约 9.3 万吨。介绍华菱湘钢生产的安全要求之一：炽热的铁水在注入模具之前，模具必须充分干燥，不得留有水。设疑引导学生完成铁与水蒸气反应的实验探究，指导学生查阅文献、设计实验验证气体产物和固体产物。

生：小组成员通过讨论，设计铁与水蒸气反应的实验，并确定检验气体产物氢气的最优路径；仔细观察演示实验现象，完成化学反应方程式的书写。

思政融入：在教学实践中，深度融入家国情怀教育元素，通过展现我国科技发展历程中的重大成就与突破，引导学生深刻体悟科学技术与国家发展、民族复兴的紧密联系，从而唤醒他们作为时代新人的责任担当与历史使命感，进一步激发其科学探究精神与创新创造意识。同时，精心设计多样化的实验探究活动，以小组协作的形式，让学生在实践操作、讨论交流与问题解决的过程中，锤炼实验设计与探究能力，培养团队协作精神，充分点燃学生对科学世界的好奇心与求知欲，助力学生成长为兼具科学素养与人文情怀的创新型人才。

【环节四】回归生活——人体中的铁元素

师：实物展示——验血化验单（缺铁性贫血，呈现血红蛋白浓度偏低），提示：人体主要吸收的铁元素的形态为亚铁离子。

生：交流讨论，得出解决办法，食用富含铁元素的食物（如木耳）、选择补铁酱油等，同时搭配补充维生素 C 来促进铁元素的吸收，在必要时，也可以考虑服用补铁药品。

思政融入：以缺铁性贫血为典型案例，深入剖析微量元素铁在人体生理机能中的关键作用，引导学生深刻领悟化学对生命健康的重要支撑，进而树立生命与化学相互依存、协同发展的共生观念。通过组织跨学科研讨活动，打破学科壁垒，引导学生从化学物质性质出发，探究其在医学、营养学等领域的创新应用，逐步构建“性质 — 功能 — 应用”的转化思维链条，切实提升学生解决实际问题的实践能力。在探索过程中，学生得以领略化学学科的独特魅力，感知其跨越学科边界、渗透社会生活的无限可能。这一教学过程不仅有效培养了学生的科学思维与实践能力，还显著增强了他们的健康管理意识和社会责任担当，充分彰显了课程思政中科学知识与社会生活深度融合的育人理念，实现知识传授、能力培养与价值引领的有机统一

【环节五】总结归纳，巩固提高

师：指导学生运用结构化思维工具，对本节课的核心知识点进行系统性的梳理和归纳，通过绘制思维导图，将抽象的知识点具象化，从而帮助学生深化理解，并形成持久记忆。

生：完成思维导图以及课堂巩固练习。

思政融入：培养结构化思维，提升学生的学习自主性与认知加工力，实现了课程思政中对学生思维能力与自我管理意识的双重培育。

七、教学反思

本课例以铁及其化合物知识体系为载体，紧扣化学学科核心素养培育目标，构建“知识建构 — 文化浸润 — 价值引领”三位一体的育人模式。在知识层面，系统梳理铁及其化合物的结构、性质与用途逻辑关系，引导学生形成“结构决定性质，性质决定用途”的化学基本观念；在思政层面，深度挖掘课程中的文化与社会价值元素，将中国古代炼铁技术、传统铁器制造工艺与现代钢铁工业成就有机融入教学。例如，通过解读古诗词中关于鞴炼铁法的记载，展现古代工匠的智慧结晶，增强学生的民族自豪感与文化自信；结合钢铁在现代桥梁建设、航天工程中的关键应用，彰显化学学科对社会发展的推动作用，有效激发学生的科学探究精神与社会责任意识，实现知识传授与价值塑造的深度融合。

教学创新方面，本课例通过多维度实践提升教学实效：其一，以实验探究为核心，学生通过分组完成铁与不同氧化剂的反应实验，直观观察铁元素价态变化过程，深化对氧化还原理论的理解，同步提升证据推理与模型认知能力；其二，拓展学习场域，组织学生课前参观现代化钢铁企业（华菱湘钢）或开展史料研究，对比古今炼铁技术，感受科技创新力量，拓宽学术视野；其三，采用多元化教学策略，通过小组讨论、互动问答、探究任务等形式，激发学生主动思考，培养批判性思维与问题解决能力；其四，延伸课后实践，以“钢铁工业碳中和路径”“废旧钢铁循环利用”等现实议题驱动项目式学习，引导学生运用化学知识解决实际问题，强化科学态度与社会责任。同时，通过“小测验 — 课堂练习 — 课后作业”多维度反馈机制，动态调整教学策略，满足学生个性化学习需求。

教学实践中也暴露出改进方向：在文化育人维度，地方文化资源挖掘深度不足，未能充分将本土企业（如华菱湘钢）的历史底蕴与课程内容融合；在实践教学方面，实验形式与技术手段相对单一，难以完全满足多样化学习需求。未来将从三方面优化：一是深化文化浸润，开发“厂史中的化学”特色课程，通过实地调研、企业专家讲座等形式，增强课程思政的在地化特色；二是创新实践形式，引入钢铁冶炼虚拟仿真实验、数字化模拟平台，丰富实践教学场景；三是完善评价体系，构建“文化传承 — 科学探究 — 社会服务”三维评价模型，通过多元化任务动态监测学生核心素养发展，为教学改进提供精准依据，持续提升育人质量。

课例二　基本营养物质——糖类

湘潭钢铁集团有限公司第一子弟中学　黄银静

一、教学理念

“课程思政”理念与高中化学学科核心素养中“科学态度与社会责任”的育人目标高度契合，高中化学课程作为落实立德树人根本任务的重要载体，要求教师主动树立“课程思政”意识，在教学设计与实施过程中，积极探索知识传授与价值引领融合的路径，以高度的积极性、主动性和创造性，实现“润物无声”的育人效果。

本课例聚焦人教版高中化学必修第二册“基本营养物质”，深度挖掘糖类、油脂、蛋白质等知识背后的思政元素，精准寻找学科知识与思政教育的融合点。通过将化学知识与生活健康、科技创新、文化传承、社会责任等实际问题紧密结合，使化学课堂成为传递科学精神、培养家国情怀、塑造正确价值观的育人阵地。教学过程始终以学生为中心，通过多样化的课堂活动设计，提升学生参与度，激发学习内驱力，在掌握化学知识、发展核心素养的同时，引导学生树立正确的价值观念，实现知识学习与品德塑造的有机统一，充分彰显化学学科的育人功能。

二、教材分析

糖类作为维系生命活动的核心营养物质，不仅深度渗透于食品加工、生物能源等工业领域，更与人体代谢、能量供给等生命过程息息相关。学生基于日常生活中对糖类（如蔗糖、淀粉）的直观认知，以及初中化学中对碳水化合物组成、分类的基础学习，已初步形成对糖类物质的感性认识，为高中阶段的深入探究奠定认知基础。

教材遵循“宏观分类 — 微观结构 — 性质应用”的逻辑主线，系统构建糖类知识体系：首先，以分子组成与结构差异为依据，通过表格形式对糖类进行科学分类，明晰单糖、二糖、多糖的本质区别；继而以葡萄糖为单糖典型代表，借助结构简式直观呈现其多羟基醛的特殊结构，既帮助学生突破复杂有机物结构认知的难点，又为学有余力者预留从碳骨架、官能团协同作用角度深入探究的空间。在性质教学中，通过银镜反应、与新制氢氧化铜悬浊液反应等典型实验，引导学生从官能团特性出发理解葡萄糖的还原性；对于二糖和多糖，则侧重阐述其在人体内的消化水解过程（如蔗糖水解为葡萄糖与果糖），以及生物质转化为燃料乙醇的工业应用，将化学知识与能源开发、生命健康等现实议题紧密结合。

从知识衔接角度看，糖类教学既巩固了烃的衍生物（醇、醛）等单官能团小分子的性质与反应规律，又通过多官能团协同作用的分析，开启生物大分子化学的学习篇章，为后续油脂、蛋白质等复杂有机物的研究搭建理论框架与方法路径，助力学生逐步构建完整的有机化学知识体系，同时深化“结构决定性质，性质决定用途”的学科核心观念。

三、学情分析

1. 从知识储备看，初中化学课和生物课的学习使他们对营养物质等相关内容有一定的了解，学生通过甲烷、乙烯等烃类和乙醇、乙酸等烃的衍生物的学习，掌握了学习有机化学的一般方法。

2. 从现有能力看，学生已初步具备分析并预测实验现象的能力，但仍需老师的适时组织与引导，以进一步提升这一技能。

3. 从兴趣情感看，本节知识与日常生活紧密相连，通过将所学的有机化学知识与实际生活相联系，可以加深学生对有机化学的认识和兴趣。例如，通过学习葡萄糖、代糖等在日常生活中的广泛应用，学生能深刻体会到有机化学对于人类生存与发展的重要性，这不仅激发了他们的学习热情，还强化了理论与实际生活的紧密联系，促使他们能够将所学知识应用于实践，进一步提升了对化学学习的兴趣。

四、教学目标

1. 通过分析葡萄糖、淀粉的组成、结构与性质，理解官能团对有机物性质的决定性作用，培养从微观视角解释宏观现象的核心素养。

2. 通过设计葡萄糖检验、淀粉水解实验，体验科学探究全过程，提升实验设计与合作能力，强化创新思维。

3. 结合糖类在生活、生产中的应用，增强健康生活意识，认识化学与社会的关联，激发学生以所学服务社会的责任感。

五、教学重难点

1. 理解糖类组成的特点以及糖类的主要性质。

2. 理解葡萄糖结构与性质的关系。

六、教学过程

【环节一】导入

师：通过民间俗语以及《习近平关于健康中国论述摘编》中的节选引导学生回忆营养物质的相关知识。

生：列举生活中常吃的食物以及所属营养物质类型。

思政融入：立足生活场景，深度挖掘化学与日常生活的多元关联，展现化学知识如何渗透于衣食住行的每个角落。引导学生系统掌握糖类、油脂、蛋白质等基本营养物质的化学组成、结构特性与代谢机制，理解这些知识不仅是构筑科学饮食、守护个体健康的核心密码，更是支撑全民健康、推进健康中国宏伟战略的重要基石。通过将化学学科知识与民生福祉紧密勾连，让学生真切感悟化学学科在提升生命质量、促进社会健康发展中的深远意义。

【环节二】识糖

师：请学生吃糖，给学生分发糖果和纸巾。

生： 意识到生活中的纸的主要成分也属于化学中的糖，理解到化学中“糖”的概念更为广泛。

师：图片展示生活中常见的糖。

生：讨论白糖、红糖和冰糖的制作原料。

师：打破学生对糖类认知的固有误区，通过实例强调“甜味”并非糖类的本质特征，引导学生以科学视角重新审视糖类概念；指导学生深度研读教材，自主梳理糖类的分类体系及其分类依据；组织学生对比分析单糖、二糖、多糖的元素组成规律，归纳其分子式的递变特征，构建糖类物质的宏观认知框架；聚焦葡萄糖与果糖、蔗糖与麦芽糖这两组同分异构体，创设问题情境，启发学生从分子结构差异切入，推测“同分异构现象导致物质性质殊途”的化学本质。

生：阅读教材、讨论交流，介绍糖类分为单糖、二糖和多糖，根据是否水解和水解后生成单糖的数目分类；糖类都含有 C、H、O 三种元素；葡萄糖和果糖，蔗糖和麦芽糖分别互为同分异构体，因结构不同从而性质不同。

思政融入：通过对比生活中的糖与化学中“糖”概念的差异，结合化学反应中的能量转化原理，激发学生探索化学知识的兴趣。引导学生关注生活，在身边发现和学习化学知识，从化学的角度认识糖类，培养学生严谨求实的科学态度。

【环节三】析糖

师：葡萄糖是最重要的单糖，是构成多种二糖和多糖的基本单元。引导学生结合自身生活经验，共同归纳总结葡萄糖的物理特性。

生：总结得出葡萄糖是有甜味的无色晶体，能溶于水。

师：根据教材中葡萄糖的分子式和结构式，引导学生思考其具有的化学性质。

生：仔细观察后发现葡萄糖分子结构中含有羟基和醛基，据此成功推断出葡萄糖兼具醇和醛的化学特性。

思政融入：启发学生从生活走进化学，巩固羟基的性质，引导学生理解物质结构决定性质。

【环节四】探糖

师：提出探究任务——设计实验验证葡萄糖含有的官能团，提供相应的试剂：硝酸银溶液、稀氨水、硫酸铜溶液、氢氧化钠溶液、石蕊溶液等。

生：讨论设计实验方案，分组完成葡萄糖与新制氢氧化铜的反应以及葡萄糖与银氨溶液的反应，通过观察实验现象得出结论——葡萄糖是多羟基醛。

师：介绍多羟基有机化合物与新制的氢氧化铜反应时，由于其中的羟基可以取代氢氧化铜中的 OH^- 而与铜配位，形成螯合物，导致氢氧化铜溶解并产生特征性的绛蓝色溶液。总结葡萄糖是一种还原性糖，引导学生分析二糖（蔗糖、麦芽糖）和多糖（淀粉、纤维素）是不是还原性糖，并设计实验进行验证。

生：类比葡萄糖还原性的检验方法，自主设计实验探究这 4 种糖的还原性，学会蔗糖与麦芽糖的鉴别方法。

师：方志敏同志在监狱中写给鲁迅的信用米汤写的，设疑鲁迅如何看到信的内容。

生：分析是因为米汤中含有淀粉，淀粉遇碘变蓝，配合演示。

师：讲解血糖的概念，设疑明明没有吃糖，饭后血糖升高的原因。

生：阅读教材，了解二糖和多糖都能够水解。

师：通过实验演示淀粉在酸性条件下的水解过程，引导学生设计实验方案以证明淀粉水解的程度。

生：观察实验现象，讲解分别用碘溶液和新制氢氧化铜来证明淀粉的水解程度。

思政融入：通过观察、推测以及用实验证实的探究过程，培养学生的动手能力、观察能力和分析能力。

【环节五】用糖

师：请学生联系生活实际以及所学糖类的知识列举糖类的用途。

生：分组讨论，总结糖类的用途——适量摄取葡萄糖，它不仅是生命的动力源泉，还是工业领域的神奇助手，在制造镜子与热水壶内胆等工艺中发挥着重要作用。

师：葡萄糖作为能量的源泉，对人体固然至关重要，设疑葡萄糖是否越多越好，而毫无隐患。

生：适量摄入葡萄糖不会导致糖尿病，但过量可能增加患糖尿病的风险。

师：讲解利用葡萄糖酿酒的化学方程式，讲述我国人民很早就掌握了用粮食酿酒和制醋的技术，布置相关实践作业。

思政融入：在教学过程中，以葡萄糖为核心，从分子结构、化学性质等维度引导学生构建科学认知体系，同时将其与日常饮食、血糖调节等生活健康场景深度链接，帮助学生掌握科学膳食、合理营养的健康生活常识，逐步形成科学的健康生活理念。讲述中国酿酒历史，让学生深刻感受中华五千年文明中蕴含的化学智慧，在文化浸润中厚植民族自豪感，增强对中华文化的认同感与归属感，激发爱国情怀。精心设计的实践作业，助力学生实现知识迁移与能力提升，培养全面发展的核心素养。

【环节六】思糖

师：引导学生总结糖的分类以及“结构－性质－用途”三者的关系。

生：领会，将所学知识升华。

思政融入：培养学生证据推理以及模型认知能力，形成学习有机物的基本模式。

【环节七】提升

师：播放视频——中国科学家成功实现二氧化碳到淀粉的合成，这一突破性技术具有巨大的应用潜力，有望为解决粮食短缺和气候变化问题提供新的途径。

生：观看视频，体会到化学在生活、生产中的巨大作用。

思政融入：教学以多维互动为载体，通过设置开放性化学探究课题与前沿科技挑战任务，点燃学生创新思维火花，引导其突破固有认知边界，以创造性视角解决实际问题；深度挖掘我国古代化学成就与现代科研突破，让学生在感受中华科技文明传承与发展中，厚植爱国主义情怀；以科学家攻坚克难的奋斗故事为榜样，激励学生树立远大志向，培养勤学笃行的品质，自觉将个人理想与社会发展紧密相连，勇担时代使命，以扎实学识与创新实践为社会进步注入青春力量。

七、教学反思

本节课以“以生为本”为核心理念，深度挖掘生活中的化学教育资源，通过“葡萄糖供能”与“糖尿病成因”的辩证案例，引导学生认识化学物质的双面性，建立辩证思维。结合糖尿病临床检验场景，将葡萄糖特征反应等知识融入真实问题解决，强化化学与日常生活的紧密联系。同时，以疾病预防与健康管理为切入点，引导学生关注化学对生命健康的影响，树立科学的生活理念，激发学生成长为德才兼备人才的志向，实现知识传授与价值引领的有机统一。

在教学方法上，采用探究实验与演示实验相结合的策略，既突出化学学科的实验本质，又通过现象观察、操作实践与问题讨论，有效激发学生学习兴趣，提升实验探究能力与科学观察素养。课堂中设置递进式问题链，以任务驱动引导学生主动思考、深度参与，在师生互动中构建糖类知识体系。同时注重学科融合，引导学生关注化学与生物学科在糖类代谢、生命活动中的交叉内容，促进知识迁移应用，培养跨学科综合思维能力。

课程设计将思政教育与专业知识深度融合，从生活现象切入，融入健康生活、社会责任等价值元素，厚植家国情怀。未来教学中，教师需进一步提升自身专业素养与课程设计能力，引导学生主动参与课程资源开发，鼓励通过文献查阅、中国化学化工成就案例收集等活动，将思政元素自然渗透于学习过程。通过关注社会热点与科技前沿，持续深化学生的文化自信与爱国情怀，实现科学素养与人文精神的协同发展，助力学生形成正确的世界观、人生观与价值观。

课例三　盐类的水解

湘潭市第一中学　张丹

一、教学理念

本课例以人教版高中化学选择性必修一“水溶液中的离子反应与平衡”章节为依托，立足化学学科核心素养培育目标，致力于构建课程思政与学科教学深度融合的育人体系，创新实践“教学评”一体化的教学设计范式。“教学评”一体化理念强调教学目标、学习活动与评价反馈的有机统一。教师依据课程标准要求，结合学生认知基础与学习特点，精准制定“盐类的水解”单元教学目标，既涵盖盐类水解原理、规律等知识技能目标，又融入证据推理、模型认知等核心素养培养目标，同时巧妙挖掘盐类水解在工业废水处理、土壤改良等领域的应用案例，渗透绿色化学理念与社会责任意识，实现知识传授、能力提升与价值引领的协同发展。

在教学实施过程中，评价贯穿全程：通过课堂提问、小组讨论、实验探究等多样化活动收集学生学习表现，借助反馈练习、思维导图绘制等任务检验知识掌握程度，及时判断学生是否达成预设目标。教师根据评价结果动态调整教学策略，如针对学生理解难点设计递进式问题链，为能力突出学生提供拓展探究任务，确保教学活动精准适配学生需求。学生在探究盐类水解现象、构建平衡模型、解决实际问题的过程中，不仅深化对化学原理的理解，更通过分析盐类水解在社会生产中的应用，深刻体会“实践是检验真理的唯一标准”的辩证唯物主义思想，逐步形成科学思维与创新意识，实现知识建构、能力发展与价值塑造的多维进阶，切实落实化学学科的育人功能。

二、教材分析

“水溶液中的离子反应与平衡”章节作为高中化学理论体系的核心板块，以化学平衡原理为基石，系统阐释弱电解质电离、水的自偶电离、盐类水解及难溶电解质溶解平衡等动态平衡过程。其中，“盐类的水解”处于知识网络的枢纽位置，既需综合调用化学平衡移动原理、弱电解质电离规律、水的离子积常数等前置知识，又为后续电解质溶液中离子浓度分析（如三大守恒关系）、沉淀溶解平衡调控等内容搭建理论框架，在知识的螺旋上升中成为培育学生化学思维、科学态度与社会责任的关键载体。

教材遵循“现象感知 — 本质探究 — 应用拓展”的认知逻辑，通过对比 $NaCl$、CH_3COONa、NH_4Cl 等典型盐溶液的 pH 测定实验，以直观现象引发认知冲突，驱动学生从微观角度探究盐溶液酸碱性的本质原因，实现从宏观辨识到微观探析的思维进阶。在知识应用层面，教材紧密联系生活与生产实际，引入泡沫灭火器的双水解反应原理、酸性土壤的熟石灰改良策略等案例，将抽象的化学平衡理论转化为解决实际问题的工具，使学生深刻体会化学知识对社会发展的支撑作用，强化“性质决定用途”的学科观念，同时渗透绿色化学理念与可持续发展意识，凸显化学学科的育人价值。

三、学情分析

学生已经学习了弱电解质电离和水的电离，初步掌握了化学平衡移动即勒夏特列原理，一部分学生已经具备了一定的平衡观念和微粒观念，因此这部分同学在此基础上进一步利用平衡观念来探究盐溶液中的平衡，提高平衡观念和勒夏特列原理的理解与应用能力。另一部分学生需深入探索盐溶液中的微粒与平衡关系，从而强化其对化学平衡移动原理的理解。最终，他们将基于盐类物质类别判断盐溶液的酸碱性，并运用微观离子反应分析，构建认知模型，以深化对盐类溶液性质与用途之间关联的理解，展现化学学科的社会价值，提升学生解决实际问题的能力。借助实验探究、课堂问答、小组讨论展示、师生互评及总结归纳等多种形式，实时评估教学环节，并据此灵活调整教学活动。

四、教学目标

1. 实验与探究能力：通过预习和科学实验，培养学生实验操作、观察、分析与解决问题的能力。

2. 微观探析素养：从微观角度分析盐溶液微粒及反应，理解盐类水解本质与规律，提升宏观辨识与微观探析素养。

3. 实践与创新意识：通过实验探究盐溶液酸碱性，掌握判断方法，体会“实践检验真理”，增强实验探究与创新能力。

4. 化学表达与建模：规范书写盐类水解方程式，深化证据推理与模型认知，提升化学分析能力。

5. 辩证思维培养：结合勒夏特列原理分析水解平衡影响因素，感悟事物联系与矛盾对立统一的哲学思想。

6. 社会责任与安全意识：通过消防员职业认知和自制灭火器实践，体会化学价值，强化社会责任感与生命安全意识。

五、教学重难点

1. 了解盐类水解的概念和原理，掌握盐类水解的规律，能用化学用语表述盐类的水解。

2. 能用化学平衡移动理论（勒夏特列原理）解释盐类水解影响因素。

六、教学过程

【环节一】情境导入：盐文化史视频以及生活中的盐类物质

师：介绍碳酸钠、碳酸氢钠、氯化铵、明矾等盐类物质在生产生活中的实际应用以及盐类在人类历史上的发展和应用，设疑从资料中掌握了哪些化学知识。

生：阅读资料，并从宏观上认识和了解盐文化史以及盐类的应用，交流回答盐类的性质以及这些性质所带来的用途。

思政融入：学史可以明鉴，了解中华传统文化中的盐文化史，拓宽学生视野，让学生明白学习不仅限于书本知识，激发学生探索生活的热情，从实践中汲取智慧，同时增强文化自信。

【环节二】识盐

师：展示学生自主预习案的完成情况，点评学生归纳总结的内容。

生：点评自主预习案的答案并归纳总结盐溶液的酸碱性和类别之间的联系。

师：提出关于氯化钠溶液、硝酸钾溶液、醋酸钠溶液、硫酸铵溶液酸碱性和类别的问题，引导学生探索并总结盐溶液酸碱性的规律。

生：通过交流讨论，回答上述溶液的酸碱性和类别问题，并总结出盐溶液酸碱性与类别间的规律——强者显其性，同强则显中性。

思政融入：通过针对性提问与多元评价，精准诊断学生对盐溶液酸碱性及类别划分的掌握程度，及时给予肯定与指导，有效增强学生的学习自信与成就感。引导学生深度探究盐的组成类别与溶液酸碱性的内在关联，从微观离子反应视角归纳普遍规律，进而运用规律预测未知盐溶液的酸碱性，帮助学生构建知识网络，培养举一反三、触类旁通的思维能力。通过系统归纳盐类与酸碱性的对应关系，将化学知识的逻辑性与规律性内化于心，不仅深化学生对学科知识的认同感，更通过关联我国化学学科发展成就与科技强国战略，自然融入家国情怀教育，厚植政治认同感，实现知识传授与价值引领的有机统一。

【环节三】探盐

师：组织学生用 pH 试纸分别检测溶液的酸碱性；点评实验过程中学生的实验操作，归纳实验操作时的注意事项。

生：分组实验，检测盐溶液的 pH 并记录，填写探究案上的表格；阐述实验操作时应该注意的事项，做到规范操作。

思政融入：学生通过亲手测定不同盐溶液的酸碱性，系统掌握基于盐的组成判断溶液酸碱性的科学方法。过程中以实验现象为依据、以数据为支撑，引导学生深刻领悟“实践是检验真理的唯一标准”的辩证逻辑，在动手操作与观察分析中提升实验探究能力，培育创新意识。师生共评环节聚焦实验操作细节，针对不规范之处展开深度剖析，既精准诊断实验技能短板，又通过纠错过程激活批判性思维，鼓励学生主动发现问题、优化方案，实现实验操作能力与科学思维的双重进阶。

【环节四】析盐

师：以氯化铵溶液为例，从宏观表象走入微观世界，探究微观粒子之间的相互作用关系，寻找盐溶液呈酸碱性背后的原因，设疑氯化铵溶液中存在的微粒，粒子之间是否会结合成新的粒子，水的电离平衡是否受到影响，引导学生用微观粒子符号表示出相关过程。

生：针对这些问题小组内逐一讨论、交流并书写氯化铵的水解方程式。

师：举一反三，引导学生分析醋酸钠溶液呈碱性的原因。

生：分析醋酸钠溶液呈碱性的原因并书写醋酸钠的水解方程式。

师：引导学生归纳总结盐类水解的定义以及规律。

生：总结盐类水解的定义以及规律。

思政融入：通过从宏观盐溶液酸碱性现象切入，深入微观分析溶液中微粒组成与反应，培育学生宏观辨识与微观探析核心素养，提升盐类水解认知的结构化水平；在剖析粒子相互作用过程中，引导学生透过现象看本质，建立辩证思维；借助水解方程式的符号表征，深化学生证据推理和模型认知能力，实现化学思维与哲学观念的融合提升。

【环节五】示盐

师：组织学生书写 $FeCl_3$、Na_3PO_4、$MgCl_2$ 的水解方程式。

生：书写并展示水解方程式。

师：点评指出问题，并针对出现的问题逐一分析，再归纳总结出盐类水解方程式的书写规则。

思政融入：通过书写方程式，分析微观粒子变化，培养学生严谨的微观探析能力，在探究中追求真理，激励学生在学习生活中求真务实；通过师生一起纠正书写时的错误并归纳盐类水解方程式的书写规则，引导学生理解矛盾推动事物发展的观点。

【环节六】用盐

师：播放消防员救火视频，设疑泡沫灭火器的灭火原理。

生：观看视频，谈其感受，介绍泡沫灭火器的原理。

师：介绍碳酸钠虽然是重要的化工原料之一，但是碳酸钠粉尘对皮肤、呼吸道和眼睛有刺激作用，不宜长时间接触，引导学生分享并讨论自己从中学到的道理。

生：分享个人感悟，交流心得体会。

师：阐述碳酸钠在去油污方面的应用，并设疑为何热的纯碱溶液在去除油污方面展现出更强的能力？

生：从化学平衡的角度出发，阐释了热的纯碱溶液碱性增强的原理，以及这一变化如何加速油脂的水解过程。

师：演示向氢氧化钠溶液中逐滴加入氯化铝溶液的实验，引导学生用化学方程式表达反应机理。

生：学生根据实验现象进行分析，得出了铝离子和四羟基合铝离子发生双水解的结论。

师：指导学生绘制思维导图，以便更好地归纳总结知识。

生：绘制思维导图，归纳总结盐类水解的规律。

思政融入：在教学中引入消防英雄事迹，于学生心中树立崇高的精神榜样；以泡沫灭火器双水解原理为案例，阐释盐类水解相互促进引发的剧烈变化，揭示“量变引起质变”的哲学规律，借“不积跬步无以至千里”的古训，激励学生重视知识积累。同时，结合碳酸钠在工业生产与日常生活中的多元应用及潜在风险，引导学生辩证认知事物的两面性，学会趋利避害，在化学知识学习中融入辩证思维与实践智慧。

七、教学反思

本课例以“教学评”一体化为设计主线，深度融合课程思政与化学核心素养培育，通过导学案的双案设计（课前预习案、课内探究案），以递进式问题链驱动学生自主建构盐类水解知识体系。教学中，教师实时捕捉学生对概念、规律的理解反馈，引导其将水解原理迁移应用于多元情境，既实现知识的结构化整合，又培养证据推理与模型认知能力。课程以盐文化历史为脉络，从古代制盐工艺到现代生活中盐类（如发酵粉、净水剂）的应用，将化学知识融入真实生活场景，使学生在探究现象本质的过程中，自然理解盐类水解的概念、原理及规律，真正达成“从生活中来，到生活中去”的教学目标。

在思政教育层面，课程深度挖掘盐类水解知识中的育人元素：课前布置“盐文化发展史”调研任务，学生通过追溯中国古代制盐技术、海盐文化传承等内容，感悟中华文明的深厚底蕴，增强文化自信与历史使命感；课中结合科学家对盐类性质的探索历程，引导学生体会严谨治学、勇于质疑的科学精神；小组合作探究环节则通过分工协作、观点碰撞，培养学生的团队意识与批判性思维。教师通过总结提炼，将科学精神、社会责任等思政要素与化学知识深度融合，实现价值引领的无痕渗透。

教学实践中，“分组实验 — 交流讨论 — 师生互评”的多维互动模式，有效激活课堂生态。学生在实验现象观察、数据记录分析中践行实事求是的科学态度，在小组研讨中学会尊重差异、协同创新。未来教学可进一步优化评价维度，如增加跨学科案例分析（结合环境科学中的水体酸碱调节）、引入数字化实验设备（实时监测 pH 值变化），深化知识应用场景；同时完善思政元素的持续性渗透，例如将盐类资源可持续利用与“双碳”战略结合，强化学生的绿色化学理念与社会担当，推动化学教学与思政教育的深度融合与协同发展。

课例四　沉淀溶解平衡

湘潭市教育科学研究院　周洁

一、教学理念

高中化学课程以“立德树人”为核心任务，将核心素养的培育贯穿于教学的每一个环节。本课例选取了人教版高中化学选择性必修一中的“沉淀溶解平衡”作为教学内容，通过深度整合思政元素，旨在帮助学生构建一个完整的化学平衡知识体系，同时培养他们勇于探索的创新精神、严谨细致的科学态度和全面辩证的思维能力，实现育人与育才的有机结合。

单元整体教学法以系统论为指导思想，强调知识体系的结构化构建。布鲁纳的认知结构理论指出，主动构建的知识体系更符合认知规律。在本单元的教学过程中，通过将沉淀溶解平衡的建立、影响因素、溶度积常数的计算及应用等知识进行系统整合，帮助学生搭建起逻辑清晰的知识框架，从而显著提升学习效能。

本课例教学秉持“知识问题化、问题情境化、情境生活化”的理念，通过创设真实的问题情境，引导学生在解决实际问题的过程中理解平衡的本质。教学过程注重横向对比，通过分析沉淀溶解平衡与其他化学平衡体系的异同，帮助学生把握平衡移动的共性规律，构建系统的化学平衡认知模型。这种融合科学思维训练与价值引领的教学模式，既强化了学生的知识迁移能力，又深化了他们对化学学科社会价值的理解。

二、教材分析

“水溶液中的离子平衡”作为高中化学理论体系的核心章节，是化学平衡原理在水溶液环境中的深化与拓展，系统揭示了弱电解质电离、盐类水解及沉淀溶解等动态平衡过程中离子间的相互作用机制。该章节以三大模块构建知识网络：

弱电解质电离平衡：以水的电离为切入点，阐释酸碱溶液酸碱性的本质，搭建“电离平衡常数 — 离子浓度关系”的理论分析框架；盐类水解平衡：基于离子与水电离产物的结合作用，解释盐溶液呈现酸碱性的原因，深化“结构 — 性质 — 应用”的化学思维；沉淀溶解平衡：从溶解度概念延伸至动态平衡体系的建立，引入溶度积常数（K_{sp}）实现平衡的定量分析。

教学过程注重实验现象与理论推导的结合，通过直观展示沉淀的生成、溶解及转化过程，引导学生理解平衡建立的条件与影响因素。在知识应用层面，教材以工业废水处理（如重金属离子沉淀法）为典型案例，将沉淀溶解平衡原理与环境保护实践紧密关联，生动诠释“绿水青山就是金山银山”的生态文明理念；借助沉淀转化实验（如 AgCl 与 AgI 的转化），帮助学生掌握平衡移动的调控策略，凸显化学理论对生产实践的指导价值。教学采用“问题链 + 实验探究”的双驱动模式，通过层层递进的问题设计激发学生深度思考，结合分组实验、数据处理等活动提升实践能力，最终实现知识建构、科学思维与社会责任的协同发展，为学生后续理解复杂化学体系奠定坚实基础，同时强化其运用化学知识解决现实问题的使命担当。

三、学情分析

1. 学生已系统掌握溶解度、电解质分类、离子反应本质及化学平衡理论，熟练运用勒夏特列原理分析平衡移动，形成较为完整的化学平衡认知体系。通过电离平衡、水解平衡的学习，学生不仅理解了动态平衡的微观本质，还具备从宏观现象推导粒子行为的分析能力，能够基于平衡常数进行简单的定量分析。这些知识与能力储备，为沉淀溶解平衡中“固态溶质与溶液中离子的动态平衡”“溶度积常数的应用”等核心内容的学习提供了理论支撑与思维框架。

2. 学生中存在着显著的认知差异：一些学生展现出了较强的知识迁移能力，能够自主地建立沉淀溶解平衡与已知平衡体系之间的逻辑联系，并实现从定性分析到定量计算的思维跃迁；然而，有部分学生在概念的衔接上遇到困难，他们需要借助“平衡建立—影响因素—实际应用”的递进式问题链，并结合类比迁移策略，逐步构建新旧知识之间的桥梁。在教学过程中，可以采用分层任务设计，通过“基础巩固+拓展提升”的双轨模式来满足不同学生的学习需求。

四、教学目标

1. 借助类比迁移策略，引领学生从熟悉的可溶性电解质平衡体系出发，深入探究难溶电解质领域，逐步构建起“沉淀溶解平衡”的科学认知模型。在此过程中，着重强化宏观现象与微观粒子行为之间的关联分析，有效提升学生“宏观辨识与微观探析”的化学核心素养。

2. 精心创设工业废水处理、药物制备等贴近生活实际的真实情境，指导学生建立起离子浓度积与溶度积的精准定量分析模型。通过采用“类比—质疑—验证”的科学探究路径，全面培育学生的证据推理能力与创新意识，使学生能够在解决实际问题中深化对化学知识的理解与运用。

3. 巧妙规划“沉淀生成—溶解—转化”的递进式实验方案，运用控制变量法系统探究浓度、pH 等关键因素对沉淀溶解平衡的影响。在实验观察过程中，有机融入“动态平衡思维”，助力学生形成“变化观念与平衡思想”，让学生深刻体会到化学平衡的动态性和复杂性，从而提升学生对化学学科的整体认知水平。

五、教学重难点

1. 理解难溶电解质沉淀溶解平衡的建立和溶度积规则。

2. 定性定量分析沉淀溶解和生成的实质及应用，理解其离子浓度的关系。

六、教学过程

【环节一】教学引入——沉淀之美与可溶性电解质中的沉淀溶解平衡

师：播放一段高清拍摄的视频，生动展示沉淀生成的奇妙瞬间；再现太空实验“浪漫冰雪球”，即饱和乙酸钠的结晶析出奇观，让学生亲眼看见这一独特的结晶过程。

生：通过观察视频和模拟实验，深刻体验化学反应的独特美感；通过对实验现象的细致观察和分析，经过深入思考，最终得出可溶性电解质饱和溶液中存在沉淀溶解平衡的重要结论。

思政融入：引导学生领略化学实验所展现的独特美学魅力，点燃他们对化学学科的热爱与探索激情；利用太空实验这一生动案例，让学生深入了解我国在太空科学实验领域取得的辉煌成就，感受我国太空科技发展的磅礴魅力，进一步激发学生的民族自豪感。同时，帮助学生初步建立沉淀溶解平衡的概念，为后续深入学习奠定基础。

【环节二】认识难溶性电解质中的沉淀溶解平衡

师：通过展示银离子对水生动物的毒性研究，包括其半致死浓度以及在水体中的富集状况，让学生了解银离子对水生生物的危害。同时，指出工业生产废水中银离子属于重金属污染问题，并探讨其对环境的影响，引导学生思考解决办法。

生：了解银离子的危害后，联想到可以通过生成氯化银沉淀的方式除去废水中的银离子。

师：进行演示实验 1：用 1 mL 0.10 mol/L $AgNO_3$ 溶液模拟工业废水，加入 1 mL 0.10 mol/L 的 NaCl 溶液充分反应，提出疑问：实验中的 Ag^+ 是否完全沉淀？随后进行演示实验 2：取上述实验的上层清液于试管中，滴加 2 mol/L 的 NaCl 溶液，引导学生分析现象。

生：观察实验 1 和实验 2，结合溶解度表，总结出难溶性电解质在水中并非绝对不溶，AgCl 沉淀体系中仍有 Ag^+ 存在。

师：从微观角度分析氯化银沉淀体系的溶解平衡，并引导学生思考如何表达 AgCl 在水中建立的溶解平衡。

生：理解 Ag^+、Cl^- 与 AgCl 沉淀之间相互转换的过程，运用化学符号，写出 AgCl 沉淀溶解平衡表达式，体现沉淀和溶解的可逆关系。

思政融入：以工业废水处理案例为切入点，引导学生明晰化学知识在环境治理中的核心价值，强化其社会责任感，促使学生将化学知识应用于环境保护实践，深刻认识工业生产与生态保护的内在关联，树立可持续发展理念。依托实验探究各环节，着重提升学生观察能力，培育实证精神与科学态度，助力学生构建化学平衡思维，深化对化学学科的理解。借助“宏观－微观－符号”三重表征教学，系统培养学生“宏观辨识与微观探析”“证据推理与模型认知”等化学核心素养。

【环节三】分析难溶性电解质沉淀溶解平衡体系中离子浓度间的关系

师：展示国家各行业污染物中 Ag^+ 的排放标准（部分要求小于 1×10^{-7}mol/L），引导学生推测常温下饱和 AgCl 溶液中的 Ag^+ 浓度是否达标。

生：依据 AgCl 常温下的溶解度数据，计算饱和溶液中 Ag^+ 的浓度，发现未达到部分行业排放标准。

师：以降低 Ag^+ 浓度使其达到排放标准为任务驱动，介绍溶度积常数、平衡常数表达式及定义，分析溶度积常数 K_{sp} 的影响因素，组织学生交流溶度积的意义。提出问题：若使 Ag^+ 的浓度达到排放标准，氯离子浓度须满足什么条件？是否还有其他途径？

生：学习溶度积相关概念，将计算出的离子浓度代入 K_{sp} 的表达式，与教材中的常数进行对比验证。要使 Ag^+ 浓度达标，氯离子浓度需超过 1.8×10^{-3}mol/L。此外，还可考虑通过增加 NaCl 溶液浓度或降低反应温度来实现。

师：设计两个活动：1. 分析沉淀溶解平衡中 K_{sp} 与 Q 的相对大小，根据溶度积规则判断难溶性电解质的沉淀或溶解情况；2. 进一步分析实验中白色沉淀析出的原因，考虑离子浓度和温度对沉淀溶解平衡的影响。

生：参与讨论，得出化学平衡移动的定性分析可从浓度商 Q 和平衡常数 K_{sp} 的关系比较出发，进而推出增大氯离子浓度能使 $Q>K_{sp}$，促使氯化银沉淀析出。

思政融入：以工业污染物排放标准为教学情境，将社会责任意识融入课堂，让学生清晰认知化学在环境保护中的核心价值，同时着重培养其严谨的科学态度与定量分析能力。教学过程中，鼓励学生立足实际问题，主动探寻化学规律，归纳解决问题的有效方法，以此强化生态文明理念，并在小组协作实践中，提升团队协作精神。聚焦化学平衡移动原理，引导学生进行深度剖析，帮助他们掌握科学的学习方法，推动深度学习。多维度分析化学问题，促使学生穿透现象，把握化学反应的本质，构建系统化学思维体系，实现知识的融会贯通与灵活运用。

【环节四】学以致用，依据沉淀溶解平衡及溶度积解决实际问题

师：布置两个化学实验任务：1. 将 1 mL 0.012 mol/L 的 NaCl 溶液滴入 1 mL 0.010 mol/L $AgNO_3$ 溶液的模拟废水中；2. 用 Na_2S 溶液沉淀废水中的 Ag^+，充分反应后测量剩余溶液中的 S^{2-} 浓度为 1.0×10^{-3} mol/L，要求学生分析 Ag^+ 浓度是否能低于某些行业的排放标准。

生：应用沉淀溶解平衡及溶度积原理，分别通过溶度积公式计算两个实验中 Ag^+ 的浓度范围，并与排放标准进行对比，判断 Ag^+ 浓度是否符合标准。

思政融入：在实际问题解决过程中，学生得以检验和巩固化学知识体系，显著提升知识在现实场景中的应用能力。与此同时，通过对问题的剖析与求解，定量分析和逻辑推理能力也得到有效锻炼。教师在指导过程中，引导学生运用现代科学思维方法，将生态文明理念融入解题思路，让学生在解决问题的同时，深化对生态保护的认知，增强社会责任感。这种教学模式还帮助学生养成严谨认真的科学态度，使其在面对复杂科学问题时，能够以更加专业、负责的态度进行探究与实践。

【环节五】分析沉淀溶解平衡中的各类竞争关系

师：进行演示实验 3，缓慢地将氨水倒入氯化银悬浊液中，接着加入碘化钾溶液。在此过程中，巧妙地结合数字化实验技术，利用精确的 pH 传感器实时追踪沉淀转化过程中溶液酸碱度的变化，并通过电导率曲线分析离子浓度的变动规律。实验结束后，总结各种平衡之间的竞争关系，参考 K 值来判断各反应物的相对强度。随后，开展讨论活动：从沉淀转化的竞争关系出发，探讨社会资源分配中的动态平衡问题。

生：仔细观察实验现象，深入分析其中复杂的化学平衡变化，力求理解平衡体系中各种竞争关系的微妙本质，从而实现对化学平衡知识认知的深刻提升。

思政融入：在实验探究中，以新奇的现象与未知的挑战激发学生好奇心，点燃探索欲，深度培育科学探究与创新意识。学生通过观察实验现象、剖析数据、归纳规律，逐步塑造严谨求真的科学精神，同时在解决实际问题的过程中强化社会责任感。探究过程注重锤炼学生的实证能力与逻辑思维，引导其以辩证唯物主

义视角看待实验现象，认识事物间的普遍联系与动态变化规律。这种教学实践不仅让学生掌握科学研究方法，更助力其形成全面、客观的认知体系，为未来科学探索与社会责任践行奠定坚实基础。

【环节六】总结归纳，利用习题巩固提高

师：利用思维导图对本节课的知识点进行归纳总结，突出沉淀溶解平衡的关键概念。设计 2 道题目，将环保和资源利用等思政元素融入其中，鼓励学生运用所掌握的知识进行分析和解答。

生：跟随思维导图，复习课堂所学，提炼沉淀溶解平衡的原理。仔细思考并完成习题，进一步巩固所学知识，并理解知识与实际应用之间的联系。

思政融入：以思政主题为脉络设计习题，将知识学习与思政教育深度融合，学生在解题过程中，既深化对思政理念的理解，又能在知识运用中感悟其现实意义。同时，通过习题训练，引导学生养成知识整理归纳的习惯，逐步构建现代科学思维模式，提升理论联系实际的问题解决能力。在解题实践中，着重培养学生“证据推理与模型认知”的化学学科核心素养，借助环保、资源利用等贴近生活的情境，融入健康理念教育，使学生直观感受化学知识与日常生活、生态保护的紧密关联，从而深刻认识化学学科的社会价值与现实意义 。

七、教学反思

本次教学以工业废水处理为真实情境载体，通过“问题链引导探究、实验链深化认知、思维链促进迁移”的三位一体设计，系统构建沉淀溶解平衡知识体系，有效提升学生的问题解决能力与社会责任意识，实现了知识传授与价值引领的深度融合。教学中，以沉淀溶解平衡的“存在条件 — 影响因素 — 实际应用”为主线，将化学原理与环境保护实践紧密结合，既强化了学科知识的理解，又引导学生感悟化学在生态文明建设中的重要作用。

教学评估显示，学生在溶度积常数的综合应用及多重平衡体系分析中存在显著困难。其根源在于：部分学生对溶度积概念的理解仅停留在公式记忆层面，缺乏将宏观实验现象与微观粒子行为建立关联的分析能力；同时，部分思政教育环节未能充分激发学生的参与热情，反映出教学案例在互动性与代入感设计上存在不足。这些问题暴露出教学过程中“知识建构 — 能力培养 — 价值塑造”三维目标的协同性有待加强，尤其在复杂情境下的知识迁移与综合应用训练环节仍需优化。

针对上述问题，拟从三方面改进教学实践：

强化实践应用：增设多样化的课堂计算实例与情境化任务，如模拟工业废水处理中的重金属沉淀方案设计，通过“理论推导 — 数据计算 — 方案优化”的实践路径，深化学生对溶度积常数的理解与应用能力；

深化微观认知：借助数字化实验技术（如离子浓度传感器）和动态模拟动画，直观呈现沉淀溶解平衡过程中离子浓度的动态变化，将抽象的平衡移动原理转化为可视化、可感知的微观过程，助力学生突破认知难点；

优化互动机制：组织小组协作探究与开放性讨论活动，鼓励学生围绕“化学平衡调控与社会发展”等议题分享见解，通过观点碰撞与思维交锋，既提升学生的批判性思维能力，又增强思政教育的参与感与实效性。后续教学中将结合学情动态调整策略，确保改进措施与教学目标、时间安排精准适配，切实提升教学质量。

课例五　原电池

湘乡市东山学校　陈旭琴

一、教学理念

STEM 教学理念作为一种创新性跨学科教育范式，深度整合科学（Science）、技术（Technology）、工程（Engineering）与数学（Mathematics）领域的核心知识与方法，以真实问题或项目为驱动，强调通过实践操作、探究活动培养学生的综合应用能力与创新思维。该理念突破传统学科壁垒，倡导学生在解决复杂现实问题的过程中，主动构建知识体系，提升动手实践能力，实现从理论认知到实践创新的跨越。

二、教材分析

本课例选自人教版高中化学选择性必修一“化学反应与电能”章节，以必修第二册“化学反应与能量”为知识锚点，系统深化原电池的核心理论。教材通过剖析原电池闭合电路的形成机制，结合实验装置的迭代优化，循序渐进地引入单液原电池、双液原电池、盐桥、隔膜等关键概念，呈现电化学知识从基础认知到实践创新的进阶路径。

作为化学理论体系的重要基石，“原电池”不仅是理解化学反应与能量转化规律的典型案例，更是构建电化学知识网络的核心枢纽。其教学价值体现在：通过对原电池工作原理的微观探析，助力学生建立“宏观现象 — 微观本质”的认知关联；依托电极反应与离子迁移的证据推理，培养模型建构能力；借助实验装置的创新设计，激发科学探究精神。此外，教材内容对塑造学生的化学价值观具有深远意义 —— 从能量转化视角理解化学对社会发展的支撑作用，引导学生感悟学科的实践价值。

教学中融入锂电池研发历程这一真实案例，既能直观展现化学科学在改善生活、驱动社会进步中的关键作用，又能揭示理论转化为技术产品过程中面临的技术瓶颈与社会挑战。通过剖析科学家攻克难题的创新思维，以及电池技术迭代对能源安全、环境保护的影响，有效培养学生的创新意识与社会责任，实现知识学习、能力提升与价值引领的有机统一，全方位促进“宏观辨识与微观探析”“证据推理与模型认知”等化学学科核心素养的发展。

三、学情分析

1. 学生已通过多阶段学习积累了电化学相关知识：在九年级物理课程中，掌握了电路构成、电荷定向移动、电流与电压等电学基本概念，为理解原电池闭合回路奠定基础；在高九年级化学学习中，建立了物质氧化性、还原性及电子转移的认知框架，初步接触了原电池的构成要素、工作原理、电极判断方法及电极方程式书写，具备了分析原电池能量转化的基本能力。这些知识储备使学生在探究原电池进阶内容（如双液原电池、盐桥作用）时，能够实现跨学科知识的迁移应用。

2. 学生群体呈现显著的学习偏好与能力分层：部分学生对化学实验兴趣浓厚，具备较强的动手能力和探究热情，能够主动设计实验方案、观察并分析现象；另一部分学生则更擅长理论推导，在实验操作环节易出现畏难情绪或参与度不足。此外，不同学生在抽象概念（如离子迁移、电极电势）的理解速度和深度上存在差异。因此，教学需采用分层任务设计与多样化教学策略，通过实验探究、模型建构、理论推导等多元活动，满足不同学生的学习需求，确保每位学生在原有基础上实现知识深化与能力提升，促进全体学生的个性化发展。

三、教学目标

1. 通过观察原电池工作中的电流产生、电极变化等宏观现象，运用氧化还原反应与离子迁移理论，深入剖析原电池内部电子转移、离子定向移动的微观机制，强化“宏观现象 — 微观本质”的关联分析能力，培养学生“宏观辨识与微观探析”的化学核心素养。

2. 在单液原电池与双液原电池的对比分析中，引导学生探究离子移动方向对电流产生的影响，理解氧化还原反应与离子迁移的动态平衡关系，认识能量转化过程中的物质变化规律，逐步形成“变化观念与平衡思想”，提升对化学系统动态性的认知水平。

3. 以原电池装置设计与优化为载体，带领学生经历“提出问题 — 设计方案 — 实验验证 — 反思改进”的完整探究过程，在解决实验问题（如减少自放电、增强电流稳定性）中，感受科学探究的逻辑性与创造性，培养学生设计实验、分析数据、突破常规的“科学探究与创新意识”。

4. 通过追溯原电池技术迭代历程（从早期简单装置到现代高性能电池），引导学生参与原电池实验改进活动，深刻体会科学研究的严谨性与艰难性，认识化学技术对能源发展、环境保护的重要意义，激发学生以科学之力服务社会的责任感，培育“科学态度与社会责任”核心素养。

四、教学重难点

双液原电池的工作原理及盐桥的作用。

五、教学过程

【环节一】教学引入，复习单液原电池的工作原理

师：视频引入宁德时代发布凝聚态电池；引导学生回顾视频中提到的锂电池及原电池的工作原理；设置问题考查学生对原电池构成条件的理解；要求学生绘制原电池的工作原理示意图。

生：关注锂离子电池；在问题中重温原电池的构成条件；回顾原电池的工作原理并绘制示意图。

思政融入：化学与生活、科技深度交融，通过原电池原理的教学，学生能够直观领悟化学对改善人类生活、推动科技进步的重要作用。原电池须具备活泼性不同的电极、电解质溶液及闭合回路等条件，各要素协同作用才能产生电能，这一现象生动诠释了事物普遍联系的哲学原理。教学中，引导学生从原电池的构成联系生活实际，认识到生活与学习中的各要素同样相互依存、彼此影响。就像原电池各部分缺一不可，个人与集体、社会也是紧密相连的有机整体。学生由此明白，只有积极融入集体，与他人协作配合，才能充分发挥个人价值，实现更大的社会意义。

【环节二】引进数字万用表再做单液原电池实验

师：播放 Cu–Zn–CuSO4 溶液原电池工作原理的动画模拟图；邀请学生演示 Cu–Zn–CuSO4 溶液原电池实验，借助数字万用表精准显示电流读数，并通过希沃视频展台生动展现实验过程；引导学生思考铜片、锌片表面呈黑色及电流读数

逐渐减小的原因；展示资料卡片：若氧化剂与还原剂直接接触反应试剂，就会有部分化学能转化为热能等其他形式的能量，电流就会不稳定！

生：了解数字万用表；观察并记录实验现象：电流读数大，但是不稳定，并逐渐在减小，两块电极片都变黑了；思考铜片、锌片表面呈黑色及电流读数逐渐减小的原因；了解电流不稳定的原因。

思政融入：在原电池实验中，数字万用表凭借精准的测量数据，直观呈现电压、电流等关键参数，引导学生在科学探究中秉持严谨态度，树立尊重数据、注重细节的实证精神。实验过程中，每个数据的记录与分析，都在强化学生一丝不苟、实事求是的科学作风，帮助其深刻认识到科学探索容不得半点敷衍，为未来工作奠定认真负责的职业态度。观察金属铜的色泽变化时，正常红色与析出黑色的差异，成为辩证思维培养的切入点。这一现象启示学生，事物表象与本质可能存在差异，需以辩证视角透过现象看本质。同时，结合资料卡片中经过筛选的客观信息，进一步培养学生尊重事实、追求真理的科学态度，使其在学习中形成理性判断与客观分析的思维习惯。

【环节三】电池改进：双液盐桥原电池装置

师：引导学生思考锌片需要放在什么样的溶液中；提出疑问：盐桥是什么？在这里的作用是什么？引出双液原电池装置；邀请学生演示双液盐桥原电池实验；引导学生探讨双液原电池的工作原理；帮助学生分析单液原电池不能产生持续稳定电流的原因；组织学生分组实验，探究不同的盐桥材料对电流的影响；引导学生思考铜丝为什么不能起到盐桥作用；思考除了改变填充材料，还能如何提高电流。

生：通过分析锌与盐酸溶液反应的化学原理，观察锌片溶解和氢气产生的实验现象，小组探讨并表述双液原电池的工作原理；分析单液原电池和双液原电池电流稳定性及原因；通过实验探究不同的盐桥材料对电流的影响，分组实验，观察记录并表述现象；利用物理学知识，回顾电流影响因素；思考铜丝在盐桥中的作用及弊端，解释铜丝不能作盐桥的原因；利用物理学知识，思考盐桥的改进措施。

思政融入：盐桥在电化学体系中发挥沟通电路、平衡电荷的作用，这一现象直观展现了系统内各部分相互关联、协同运作的特性。教学中以此为切入点，引导学生认识事物的普遍联系，培养从整体视角分析问题的习惯，避免孤立看待实验元件，进而塑造大局观与系统思维。课堂讨论环节鼓励学生分享观点、倾听见解，通过合作探究深化对化学原理的理解，在思想碰撞中逐步培养团队协作精神。分析单液原电池无法产生持续稳定电流的原因时，引导学生突破现象表层，运用哲学思维挖掘本质规律，提升逻辑思辨能力。而探讨铜丝为何不能替代盐桥的问题，则着重培养批判性思维，促使学生主动思考实验材料的功能与局限，摒弃被动接受知识的模式，养成独立思考、深入探究的学习习惯。

【环节四】电池再改进：双液隔膜原电池装置

师：引出隔膜并展示双液隔膜原电池；邀请学生演示双液隔膜原电池；介绍离子交换膜；提出疑问深化学生对隔膜的理解；要求学生绘制隔膜原电池工作原理的示意图；小结三类原电池的优缺点；设置有关课堂练习；要求学生反思这节课的收获；布置课后作业。

生：观察并记录实验现象；了解离子交换膜；思考隔膜成分对阴阳离子移动方向的影响；绘制隔膜原电池工作原理的示意图；分析三类原电池的优劣；学以致用，用本节课所学知识，解决疑难。

思政融入：隔膜在化学实验中的创新应用，不仅彰显了科学探索的开拓精神，更启发学生在学习与生活中打破思维定式，敢于质疑传统观念，主动探索新路径与新方法。如同科学家持续研发更高效的盐桥材料，追求卓越与创新的理念应贯穿于各个领域的发展进程。教学中引导学生将所学方法应用于实际化学问题的解决，既践行了学以致用的教育理念，又强化了实践导向，让学生深刻认识到知识学习的真正价值在于解决现实问题。此外，课堂特意设置反思环节，鼓励学生回顾学习内容，梳理收获与不足，通过总结经验促进自我提升，这一过程有效培养了学生的反思意识，为其持续成长奠定基础。

七、教学反思

本次教学围绕原电池原理与应用展开，以 STEM 教育理念为指导，深度融合知识传授、实验探究与思政育人，形成显著教学特色。通过数字万用表实时监测电流数据，学生直观对比单液原电池的电流衰减现象与双液原电池的稳定性局限，自然引发对隔膜装置优化的思考，有效突破教学难点。实验环节采用“学生实操+希沃视频展台投屏”的模式，既激发学生主动参与的热情，又确保实验现象清晰可见，显著提升课堂参与度与教学效率。

在教学成效方面，学生不仅系统掌握了原电池的工作原理与不同装置的性能差异，更在多维度素养培育中取得突破：通过追溯原电池技术发展史，感悟科技对国家发展的战略意义，厚植科技报国情怀与民族自豪感；在实验探究中，通过团队协作解决装置优化问题，锤炼严谨的科学态度与坚韧的探索精神；在分析原电池利弊的过程中，逐步构建辩证思维，深化对科学技术社会价值的认知，强化责任担当意识。

然而，教学实践中仍存在优化空间。在 STEM 理念的落实上，虽初步实现物理电学知识与化学能量转化的跨学科融合，但教学节奏把控需进一步优化，应合理分配原理讲解、实验操作与数据分析的时间，为学生预留更多深度探讨与思维碰撞的空间。实验设计可进一步丰富多样性，例如增设不同电解质溶液、电极材料的对比实验，引导学生全面探究影响原电池性能的关键因素。此外，需加强实验过程中的精细化指导，通过设置观察任务清单、开展实验细节研讨等方式，提升学生捕捉关键现象、分析异常数据的能力，切实推动实验探究从“动手操作”向“科学思维进阶”转变，持续提升教学质量与育人成效。